TÊTE DE GONDOLE

www.mon-nombril.com

Seuil

Maquette et réalisation : Jean-Luc Simonin, Cursives
Assistante de rédaction : Maïté Léon
Les dessins de ce recueil ont été publiés dans *Le Monde*, *Le Monde magazine*,
L'Express et sur le site *Ça ira mieux demain* (www.cairamieuxdemain.com).

Retrouvez Plantu sur l'Internet : www.plantu.net et www.cartooningforpeace.org

ISBN : 978-2-02-103477-6
© Éditions du Seuil, novembre 2010
www.seuil.com

Sommaire

Tête de gondole

www.mon-nombril.com

Bon, c'est vrai, le président de la République ressemble à tout. Je l'ai dessiné en n'importe quoi et, à chaque fois, ça marche. Même mon crayon se pose des questions : « Non, tu ne vas quand même pas faire ça ?

– Mais si mon vieux, ça fonctionne à tous les coups ! »

Notre « www.mon-nombril.com » ressemble tellement à une tête de gondole que je voyais très bien des petites poupées « moi-moi-moi » en vente dans les rayons des supermarchés. J'ai plus le sentiment d'être dirigé par un chef de rayon qui garnit sa tête de gondole, que d'être dirigé par un chef d'État. Il faut reconnaître qu'il ne dirige pas trop mal sa boîte de com et « www.mon-nombril.com » est plus proche de sa devise que « Liberté-Égalité-Fraternité ». Fraternité ? Mais c'est quoi ce mot vulgaire ?

Ô BANANE

Lui qui prétend souvent « avoir la banane » surtout quand il est en présence d'Obama, le dessiner en « O-banane » est assez tentant.

À chaque fois, et c'est la grande surprise de ce personnage, il est ressemblant. Il faudra que je pense à le faire en crème de gruyère ou en chassepot.

Comme le président ressemble à tout le monde, pourquoi ne ressemblerait-il pas à un castriste ? En le dessinant en mini-Castro, avec sa barbe et son cigare, on saisit bien l'arnaque : Fidel Castro n'est pas plus castriste que Sarko n'est révolutionnaire ; ils s'adaptent, c'est tout. Le dessin force le trait bien sûr, et puis, réflexion faite, on se dit que le dessin n'est pas si loin de la réalité.

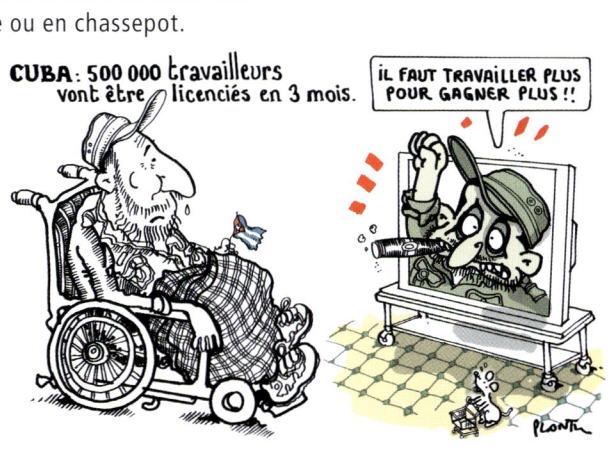

CUBA : 500 000 travailleurs vont être licenciés en 3 mois.

IL FAUT TRAVAILLER PLUS POUR GAGNER PLUS !!

Dans le dessin « Chercher une idée de dessin », je représente une fille qui trouve les idées. Cela me rappelle les filles qui sont toujours un peu plus perspicaces et plus rapides que les garçons. Aussi, je me suis imaginé une jeune fille qui trouvait des idées plus facilement que les dessinateurs. Ce dessin a été agrandi et exposé aux Champs Libres à Rennes. Il est une manière de raconter comment le dessinateur cherche ses idées, comment il essaie de griffonner les choses sur son brouillon en imaginant vaguement quelque chose. Pendant ce temps-là, le rédacteur en chef est persuadé que le dessinateur va trouver et le lecteur est persuadé que ça vient tout seul. Et le dessinateur se morfond et se demande pourquoi il a choisi ce fichu métier. Il en veut à la terre entière et jure bien que dans une prochaine vie, il vendra des poireaux.

Déchéance

Liberté Égalité Fraternité -Liberté Égalité Fraternité- Liberté Égalité Fraternité- Liberté Égalité Fraternité-Liberté Égalité Fraternité-Liberté Égalité Fraternité- Liberté Égalité Fraternité-Liberté Égalité Fraternité- Liberté Égalité Fraternité

Je dessine des petits Roms et des gens du voyage un peu à la manière d'Hergé quand il représentait des étrangers faisant du camping avec Tintin à Moulinsart. Le style me permet de partager une certaine tendresse

pour les gens qui se sentent déstabilisés et qui ne savent pas où aller. Cela dit, le dessinateur ne doit pas tomber dans une démagogie facile. Il n'y a pas d'un côté les gentils et de l'autre côté les méchants, ce serait top facile… trop « caricatural ». J'ai tenu aussi à montrer l'expulsion d'un bébé Rom, expulsé cette fois de sa propre caravane par sa maman qui l'oblige à faire la manche.

Cette année à propos d'une grève des roulants, j'ai fait ce dessin « Embauche SNCF », histoire de venger les voyageurs qui, une fois de plus, n'avaient pas pu être transportés à cause d'une énième grève. Catastrophe ! Le directeur de la rédaction arrive dans mon bureau, en se prenant la tête entre les mains : « On a fait une énorme bourde, tu as marqué embauche SNCF et il s'agit de la RATP ». Renseignements pris, je me suis rendu compte que les lignes du RER à Paris comportent des tronçons RATP mais aussi des tronçons SNCF… (va comprendre !). Ce jour-là, c'était le tronçon RATP qui était en grève. Le directeur de la rédaction me demande deux choses : 1°) téléphoner et présenter mes excuses au président de la SNCF, ce que j'ai fait ; 2°) préparer un dessin-repentir… pour le lendemain.

—Voilà Monsieur : Je rêve de conduire le RER A aussi. Et voici la liste des grèves que je compte organiser entre 2010 et 2020, espèce de gros pourri de patron !
—Ah! J'hésite.

Tout de suite, emporté par l'élan, avant même de téléphoner au président de la SNCF, j'ai fait ce dessin avec le voyageur qui annonce à sa femme qu'il ne va pas rentrer ce soir. Nouvelle tête catastrophée du directeur de la rédaction qui m'a dit : « Tu te fiches de moi ou quoi ? Tu appelles ça des excuses ?
– Mais enfin Raoul (il s'appelle Raoul), c'était juste une blague ! ».
Les jours suivants, le président de la SNCF m'a envoyé régulièrement des sms, pour me dire à quel point il avait été touché par le dessin qui finalement a été publié.

JE SUIS EN TRAIN DE ME FAIRE ENCULER, PAR UN ROULANT MAIS J'ARRIVE PAS À SAVOIR S'IL EST DE LA SNCF OU DE LA RATP !
EN TOUT CAS, M'ATTENDS PAS CE SOIR !

Le regard de Plantu Plantage

CONTRAIREMENT AU DESSIN PUBLIÉ HIER, À LA MÊME PLACE, LA GRÈVE DES TRANSPORTS CONCERNE LA RATP ET NON PAS LA SNCF !
ÇA NOUS FAIT UNE BELLE JAMBE !

Une polémique qui a fait péter le serveur du journal *Le Monde*, cette année, c'est le dessin que j'ai publié à la une du journal en date du 28 mars 2010 et qui représente un ecclésiastique qui tient par la main un petit enfant. « Les voies du Seigneur sont impénétrables » dit-il, et l'enfant lui répond : « Y'a bien qu'elles ». 3 000 mails en une seule journée, le serveur du *Monde* a explosé ! Depuis les fatwas dirigées contre les dessinateurs danois, tout dessinateur, tout chroniqueur et tout journaliste sera désormais l'objet de pressions (et de pressions le plus souvent manipulées) *via* le web. Le web est d'ailleurs, comme dit Frédéric Mitterrand : « un outil pharmacon ». Il soigne, comme un médicament et en même temps empoisonne les gens. Le terme « pharmacon » convient tout à fait à internet. C'est un poison, car la manipulation fait que les intégristes, les barbus et les corporatistes de tous poils feront les prochaines guerres

Les voies du Seigneur sont impénétrables!
Y'A BIEN QU'ELLES !

contre la liberté de penser. Si les responsables des médias ne réagissent pas devant cette guerre organisée, c'en sera fini du journalisme.

Les dessinateurs danois ont été les premiers à subir une fatwa minoritaire musulmane. Demain, s'ils ne se réveillent pas, les journalistes endureront toutes sortes de fatwas. Encore faut-il se réveiller. « Dodo ! », ce sera le titre de mon prochain livre.

Et c'est bien pour ça que Cartooning for Peace a été créé. Proposer une nouvelle grille de lecture : la planète est en guerre ? Le web est manipulé ? OK, on se débrouille. On sait faire. Il suffit juste d'être plus malin que les intolérants qui condamnent à tous vents.

Ces derniers mois, nous avons ainsi provoqué des débats et surtout fait un état des lieux de l'opinion. « Opinion » ! quel joli mot. À Rennes, aux Champs libres, est présentée une grande première : *La Carte des Tabous*.

Quel travail que de passer au travers de tous les interdits et les politiquement-corrects de la planète !

Au Brésil, aux États-Unis, au Mémorial de Caen, à Marseille, à La Réunion, etc., chaque fois, nous essayons de voir quel est le degré de la liberté d'expression, aujourd'hui. La

liberté des dessinateurs se réduit au profit de photos qui sont souvent vidées (au grand dam des photographes) de leur sens. La photo est de plus en plus utilisée pour montrer des images non dérangeantes alors que le dessin essaie de participer au débat. Il existe d'excellentes photos, mais souvent les responsables en image des différents médias (télévision, web) utilisent la photo pour endormir les gens. « Coco, tu me mets une belle tache rose et, là, tu me mets un peu de bleu ; tu me rajoutes un titre fadasse et ça part à l'imprimerie ! ».

Ils ne savent même pas eux-mêmes à quel point ils endorment les citoyens. Pas de vagues : c'est comme ça que notre société n'est pas du tout prête à réfléchir sur le sens des écrits ou des images. Je trouve que ce serait intéressant d'enseigner dans les écoles le rôle et la responsabilité des images.

Cela nous permettrait de ne pas nous endormir dans cette démocratie qui oublie parfois de réagir quand les libertés sont menacées.

Une bonne nouvelle dans cet univers un peu gris. Le métro a laissé passer ce dessin d'Albert Camus paru dans le hors-série édité par *Le Monde* « Connaissez-vous les grands écrivains ? ». La RATP a enfin autorisé l'affichage D'UN FUMEUR !… ouah !… Il faut savoir que depuis des années, la RATP, qui fait régulièrement des publicités pour les vins de Bourgogne et toutes sortes d'alcools, imposait aux affichistes un « politiquement correct » crétin : NE PAS MONTRER DES GENS QUI FUMENT !!

Il n'y a pas très longtemps, Gainsbourg était interdit de cigarette, la pipe de Jacques Tati avait été remplacée par un moulin à vent (mais si, je vous jure, c'est vrai). Cette année, les gens ont la grande chance, grâce au grand libéralisme de la RATP, de pouvoir passer devant l'image de quelqu'un qui fume. Moi, personnellement, je m'en fous, je ne fume pas. Mais je suis un peu voltairien : « Je ne fume pas, mais je me battrai pour que vous ayez le droit de fumer ! » « Vive les fumeurs de pipe ! », comme dirait Rachida.

PLANTU

SLIP EXPLOSIF. Dans un enregistrement audio diffusé le 24 janvier par Al-Jazira, le chef d'Al-Qaida, Oussama Ben Laden, s'adressant à Barack Obama, fait l'éloge des opérations du 11-Septembre et revendique la tentative d'attentat au slip piégé du jour de Noël à Detroit.

International

BLOCUS ISRAÉLIEN. Les marins pêcheurs de la bande de Gaza sont sous blocus israélien. Leur zone de pêche est réduite à 5,5 kilomètres de la côte.

NAVIRES HUMANITAIRES. Israël envoie un commando dans les eaux internationales pour empêcher six navires humanitaires de gagner le territoire palestinien de Gaza, soumis depuis 3 ans à un blocus sévère de la part d'Israël et de l'Égypte.

PALESTINE. N'ayant pas réussi à imposer à Benyamin Nétanyahou le gel des colonies en Cisjordanie, Barack Obama se tourne vers Mahmoud Abbas, président palestinien.

PRIX NOBEL POUR OBAMA. Le 8 octobre 2009, le prix Nobel de la paix est attribué à Barack Obama : « Je prends la décision du comité Nobel avec surprise et une profonde humilité », affirme le président des États-Unis. Benyamin Nétanyahou a qualifié de « bizarre » la décision des jurés du comité norvégien.

OBAMA TRIP. En novembre, le président américain Barack Obama entreprend sa première tournée « globale » en Europe, au Proche-Orient, en Afrique et en Asie, dans le but de renouveler et relancer les alliances, et de faire passer le message : « les États-Unis sont de retour ».

Et toujours l'Afghanistan

Après la tragédie du World Trade Center, nous étions tous persuadés qu'il y aurait des frappes américaines.

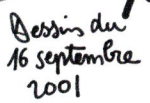

Dessin du 16 septembre 2001

Nous avons pleuré avec les Américains. Il y a un temps pour les pleurs.

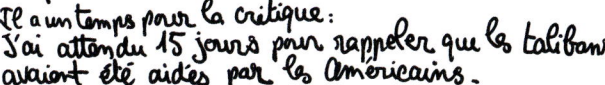

Il a un temps pour la critique : J'ai attendu 15 jours pour rappeler que les talibans avaient été aidés par les Américains.

Kaboul 1983

À l'époque de l'occupation soviétique (1979-1989), les Américains ont aidé la résistance afghane.

Quelque part en Afghanistan...

FAUT PAS SE PLAINDRE !... ON AURAIT PU ÊTRE MUTÉS EN FRANCE... DANS CERTAINES CITÉS !

YOUPI !

dessin publié en 1981

Je me souviens que la CGT avait envoyé une délégation pour soutenir les troupes soviétiques à Kaboul : "Les Afghans respirent et vaquent à leurs activités normales" disait le communiqué... Aujourd'hui, malgré le courage de nos soldats envoyés là-bas, on n'est pas vraiment sûr que les Afghans vaquent à leurs activités normales.

Afghanistan: la culture de l'opium rend fou

TIENS, MA CHÉRIE : UN BOUQUET DE FLEURS DE PAVOT !

T'ES VRAIMENT TROP CON !

OPIUM. Selon le rapport d'enquête de l'ONU, 90 % de l'opium consommé dans le monde vient d'Afghanistan. Le trafic rapporte près de 65 milliards de dollars. 100 000 personnes meurent chaque année dans le monde à cause de l'opium.

Vers une abrogation de la loi américaine interdisant aux militaires gays de révéler leur orientation sexuelle.

JE M'RENDS !!

KABOUL-PARIS. Deux familles de militaires, décédés lors d'une embuscade en Afghanistan, poursuivent l'armée devant la justice française pour « mise en danger de la vie d'autrui ».

Débat sur l'Afghanistan

RETRAIT. Barack Obama confirme le départ des troupes américaines d'Irak pour fin 2010. Il souhaite « mettre fin à la guerre de manière responsable ». L'état-major irakien estime ce retrait prématuré, le pays n'ayant toujours pas formé de gouvernement 5 mois après les législatives.

Sur le départ...

Alors qu'en Afghanistan le départ des troupes américaines est annoncé comme "limité" Washington affirme qu'à la fin 2011 il ne restera plus en Irak que "quelques centaines" de soldats américains.

Le Mo...

Riyad, Bagdad : l'Amérique s'use

Le Monde

VENDREDI 12 JANVIER 2007

L'Irak s'enfonce dans la guerre, le doute envahit la coalition

George Bush envoie en Irak 20 000 soldats en renfort

Stratégie Le président américain maintient son cap envers et contre tous, et demande à Bagdad de cofinancer la reconstruction

IRAK

ACCORD NUCLÉAIRE. La Turquie et le Brésil signent, le 17 mai 2010 à Téhéran, un accord de non-prolifération nucléaire avec l'Iran. L'initiative turco-brésilienne des présidents Lula et Erdogan vise à éviter que le régime des mollahs d'Ahmadinejad se dote d'un arsenal nucléaire.

Intolérance

PURÉE ! C'EST QUOI CE MOT ?

Rien à voir avec l'islam. Le dernier assassinat d'otage par Al-Qaida au Maghreb islamique nous montre encore un islam de tuerie. Il ne s'agit que de barbarie, rien à voir avec la religion.

Et toujours ces tribunes offertes à ces tyrans que l'on est bien obligé d'écouter... car ils détiennent des otages.

D'ABORD JE VAIS VOUS — LIRE QUELQUES VERSETS SUR LA TOLÉRANCE !

Le Monde

22-12-2000

Massacres en Algérie : pourquoi

Les prises d'otages, la nouvelle guerre

Le Monde 17-03-2004

Qui a fait ça ? Trouvez-moi le cerveau de ce massacre !

BIEN CHEF !

CE

Il arrive quelquefois que l'on puisse associer les mots islam, culture et tolérance

MAIS C'EST RARE !

Reportage : des Lyonnaises à La Mecque, pour le hadj

En attendant que les choses s'arrangent entre l'Europe et le Maghreb.

Le Monde 09-12-2008

d'après Michel-Ange

plantu

PLANTU

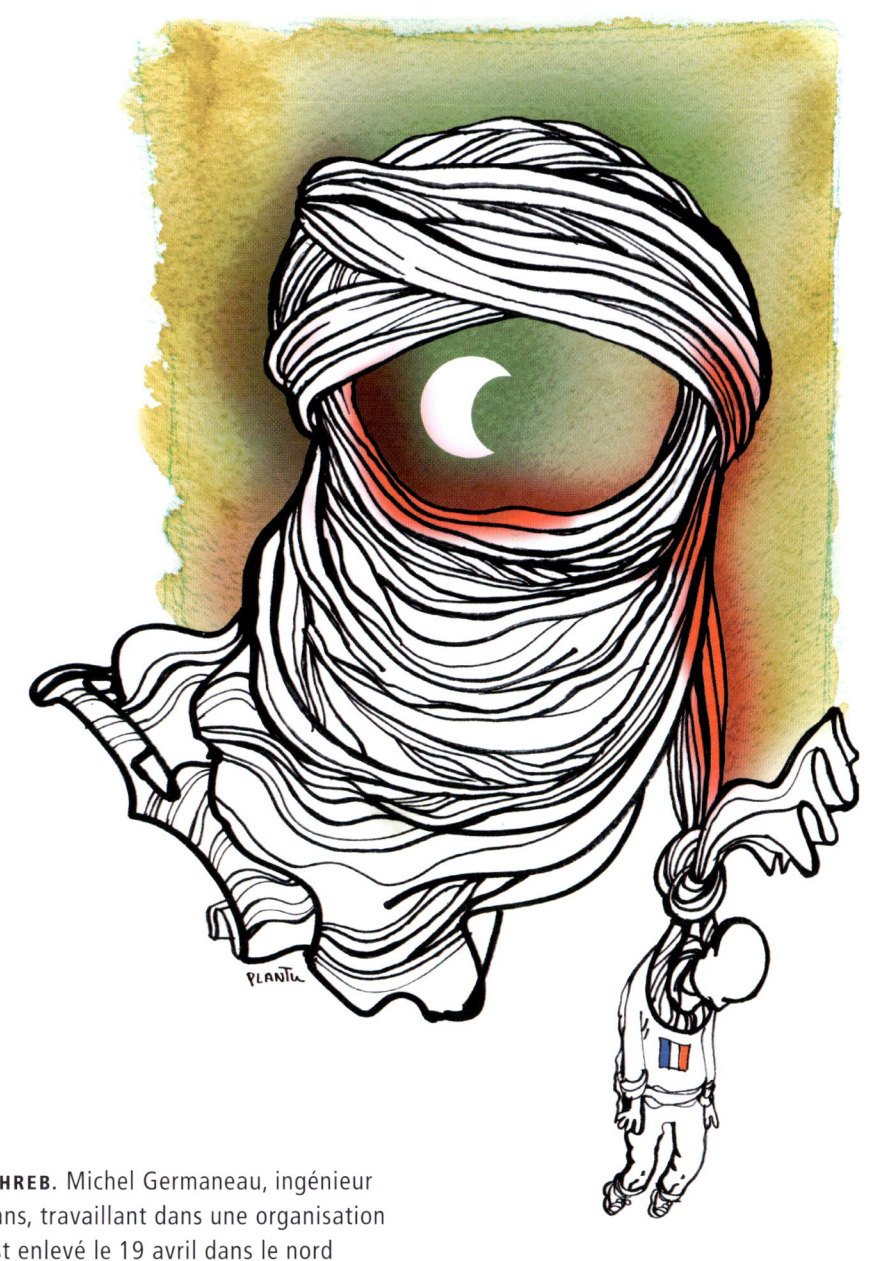

OTAGE AU MAGHREB. Michel Germaneau, ingénieur retraité de 78 ans, travaillant dans une organisation humanitaire, est enlevé le 19 avril dans le nord du Niger, puis conduit au Mali. L'enlèvement est revendiqué par Al-Qaida au Maghreb. Michel Germaneau est exécuté après 3 mois de captivité.

FAMINE EN ÉTHIOPIE. L'insécurité alimentaire
est un problème persistant en Éthiopie et concerne
entre 8 et 12 millions de personnes.

Crise alimentaire au Sahel

Tous les ans, c'est souvent la même chose : côté Sahel on annonce une terrible sécheresse, et, côté Europe, les journaux occidentaux proposent des régimes diététiques.

15 mai 1991

Le Monde

Ce que les Français ne veulent plus manger

● Avant même la deuxième crise de la vache folle, les Français s'inquiétaient de la qualité des aliments ● Graisses, viande, charcuterie : ils évitent tout ce qui fait grossir ● Le Conseil d'État autorise trois nouvelles...

L'ONU réclame des moyens contre la surpopulation

Je vous répète que c'est bourré d'OGM, de prion, de listeria, de dioxine !...

Je me demande même s'il n'y a pas un peu de nourriture !

24 novembre 2000

Les associations donnent le "la".

VOUS, AU MOINS, VOUS SAVEZ QUI VA PAYER VOS RETRAITES ! BANDE DE VEINARDS !

Cet été, au Niger, 7 millions de personnes souffrent de la faim.

Malgré toutes ces associations qui se battent chaque jour pour aider les populations touchées par le fléau.

7 millions d'affamés au Niger ... un milliard d'affamés sur la planète ! Ça nous ferait de beaux débats, en France, si l'UMP et le PS s'y intéressaient. Mais non, la majorité et l'opposition ont d'autres sujets à se mettre sous la dent.

Un milliard d'êtres humains souffrent de la faim

J'AI APPELÉ À L'AIDE PAR TÉLÉPATHIE !

ON AURA VRAIMENT TOUT ESSAYÉ !

10 décembre 2000

16 octobre 2009

PLANTU

31

TRAGÉDIE EN HAÏTI. Un séisme de magnitude 7 sur l'échelle de Richter frappe Haïti le mardi 12 janvier, à 16 h 53 heure locale. La capitale est alors plongée dans une situation chaotique : 220 000 personnes y ont perdu la vie et 1,3 million de personnes ont perdu leur habitation. L'aide internationale se mobilise pour secourir les victimes.

Les misères d'Haïti

Ce pays aura été traversé par tellement de tragédies.

NOUVEAU PRÉSIDENT D'HAÏTI

10 octobre 1991

21 juin 1988

Il y a eu les années Duvalier, avec leurs cortèges de tueries avec les tontons macoutes.

AH! UN GOUVERNEMENT CIVIL!... C'EST BON SIGNE!

Et puis, on a accueilli en France le fils Duvalier, surnommé "Bébé Doc".

17-09-1994

Le compte à rebours de l'opération militaire destinée à déloger la junte haïtienne a solennellement commencé. Douze navires américains croisent au large de l'île caraïbe et 20 000 soldats sont sur le pied de guerre. Leur débarquement — ont annoncé — peut désormais avoir lieu à tout moment.

« Partez ou nous vous ferons partir de force », a lancé jeudi le président Bill Clinton aux membres de Port-au-Prince.

le président Bill Clinton, résolu à imposer son autorité dans la crise haïtienne, a une nouvelle fois exigé de la junte qu'elle quitte le pouvoir. Le message présidentiel, qui intervenait après la mobilisation d'importantes forces militaires, était surtout destiné à rassurer la population américaine. Un premier sondage semble indiquer que cet objectif a été atteint. Pour leur part, les dirigeants de Port-au-Prince ont réaffirmé leur volonté de rester en place.

VOUS ÊTES VIRS, MON VIEUX!

Le Mot

COUP D'ÉTAT EN HAÏTI!

ÇA VA ENCORE ME GÂCHER MON PASTIS!

BÉBÉ DOC (MOUSSINS)

Haïti en état de siège

La tension ne cesse de croître à Port-au-Prince où le président à vie Duvalier a affirmé son intention de rester au pouvoir.

Les Américains ont essayé plusieurs fois de rétablir un certain ordre sur l'île.

L'ex-président Carter essaye de négocier avec la junte militaire haïtienne (18.09.1994)

CONCILIATION CARTER

Est-ce que nous serons capables de retenir plus tard la date du tremblement de terre du 12 janvier 2010?

Haïti

SCIENTOLOGUES HUMANITAIRES. John Travolta, l'acteur américain et scientologue, a posé son Boeing 707 personnel sur le tarmac de l'aéroport de Port-au-Prince. À son bord, quatre tonnes de rations alimentaires, du matériel médical, 80 médecins et 33 ministres volontaires de l'Église de scientologie pour venir en aide aux sinistrés.

EUROPE ET HAÏTI. Herman Van Rompuy, président du Conseil européen et Catherine Ashton, élue haute représentante des Vingt-Sept pour les affaires étrangères, se mobilisent en faveur des victimes du séisme en Haïti. Catherine Ashton tergiverse pour savoir si elle doit ou non se rendre à Port-au-Prince.

L'ADIEU AU MUR. 20 ans après, l'Europe commémore la chute du mur de Berlin et la réunification allemande.

Les murs qui tombent

Au moment où tout le monde commente les 20 ans de la chute du mur de Berlin, je pense à d'autres murs; comme celui que les Israéliens ont construit récemment.

publié en septembre 2003

En juin 2008, à Jérusalem, j'avais montré ce dessin à Shimon Pérès et je lui avais dit que je n'avais pas beaucoup de sympathie pour ce mur. Le président de l'État d'Israël m'avait répondu : « Je n'aime pas le mur, mais j'aime la vie »

La chute du mur de Berlin (1989)

Le mur entre les Israéliens et les Palestiniens; il est écrit la phrase de Kennedy: "Ich bin ein Berliner!"

Au plus fort de la crise irlandaise, des artistes avaient dessiné sur le mur qui séparait les catholiques des protestants. Ils avaient aussi écrit: « Les dessins rendent les murs transparents! »

PLANTU

ICH BIN EIN BERLINER

Le Monde
Israël-Palestine : l'impasse et le mur

Monde
« le peuple allemand « retrouve son unité »

Des fois, j'ai un peu de mal à comprendre ce qui se passe!

PLANTU

Retour à Leipzig

En octobre 1989, des manifestants défilaient chaque semaine pour obtenir des réformes démocratiques en Allemagne de l'Est et sans le savoir nous allions assister à la chute du mur de Berlin.

TU VOIS, SIEGFRIED, PARTI COMME C'EST, IL NE VA PLUS RESTER QUE NOUS DEUX !

Dessin publié le 5 octobre 1989

PREMIÈRE RÉFORME : L'AVENUE JOSEPH-STALINE EST DÉBAPTISÉE ! ELLE S'APPELLERA DÉSORMAIS, AVENUE GEORGES-MARCHAIS !

ALORS ?... CONTENTS ?

Quelqu'un qui n'a pas vu arriver la fin du communisme c'est Georges Marchais, le chef du PCF. Il n'arrêtait pas de répéter que tout, à l'Est, était "globalement positif". Alors je l'ai dessiné, dans son petit confort, en train de lire "Pif gadget".

LILIANE, METS LA RADIO, IL PARAÎT QU'IL SE PASSE QUELQUE CHOSE À L'EST !

PIF GADGET

Nous étions en octobre 1989, et, déjà, Rostropovitch préparait son violoncelle pour célébrer une ère nouvelle.

PRÉSENCE À BERLIN ? Polémique autour de la présence
hypothétique de Nicolas Sarkozy et de François Fillon,
lors de la chute du mur il y a 20 ans.

ROYAUME-UNI. Le conservateur David Cameron, plus jeune Premier ministre qu'ait connu le Royaume-Uni depuis 1812, offre à ses concitoyens le premier « gouvernement de coalition » depuis soixante-dix ans et innove en alliant son parti aux libéraux-démocrates de Nick Clegg.

David Cameron soutient l'entrée de la Turquie en Europe

TURQUIE EN EUROPE. Le Premier ministre turc, Recep Tayyip Erdogan, en visite officielle à Paris.

LOI-BÂILLON. Le chef du gouvernement italien Sylvio Berlusconi présente un projet de loi visant à limiter les écoutes téléphoniques dans les affaires judiciaires et empêcher leur publication. La « loi-bâillon » provoque un tollé auprès des juges antimafia qui risquent de perdre un moyen de lutte important contre le crime organisé.

CORRUPTION EN RUSSIE. Le 11 octobre 2009 se tiennent les élections des représentants russes à la Douma. Russie unie, le parti de Vladimir Poutine, remporte la victoire avec 66 % des suffrages. Des irrégularités lors du comptage des voix et des intimidations ont été dénoncées par Oleg Shein, député à la Douma fédérale : « Nos partisans ont été menacés, harcelés, tabassés, des milices privées ont été utilisées pour faire peur aux gens et empêcher les observateurs d'entrer dans les bureaux de vote. »

VENTES D'ARMES FRANÇAISES. Le président russe
Dmitri Medvedev rencontre Nicolas Sarkozy pour obtenir
la fourniture de quatre navires de guerre Mistral.

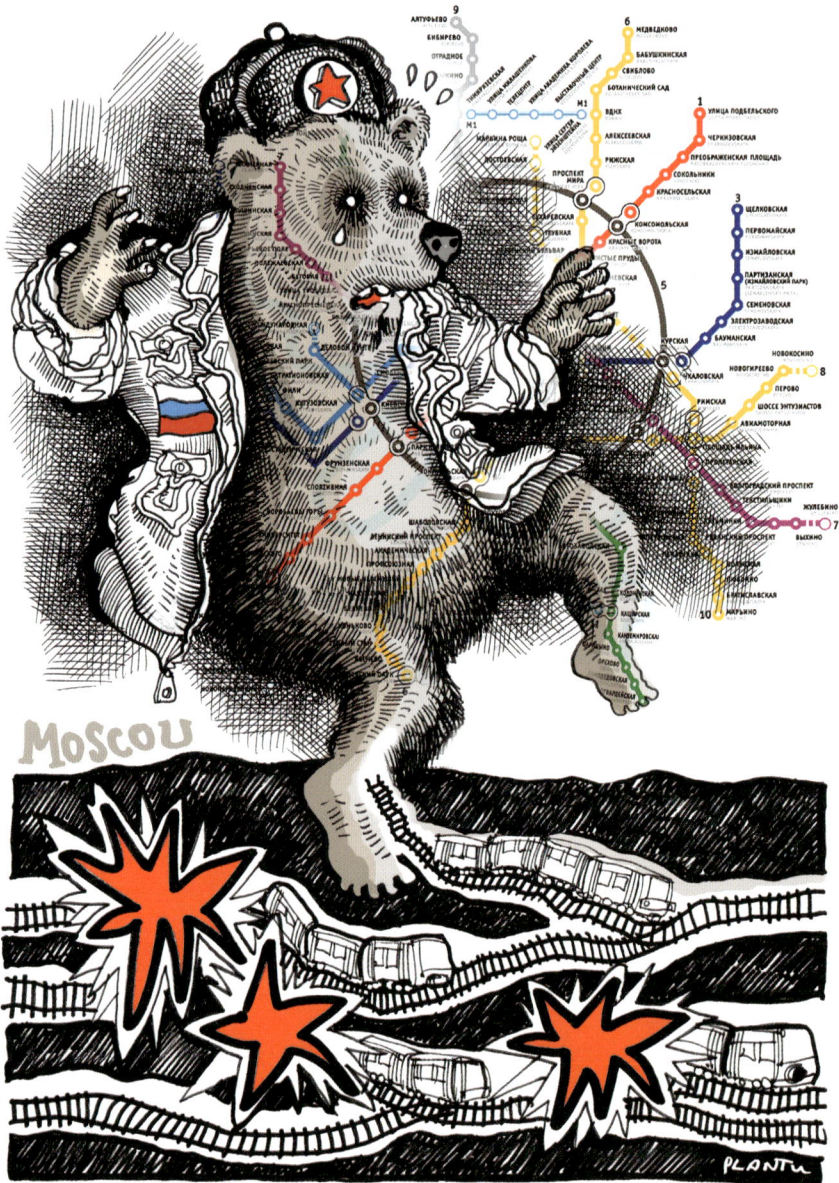

TERREUR À MOSCOU. Le 29 mars 2010, deux attentats-suicides ont fait 39 morts et 102 blessés dans deux stations du métro moscovite. Les bombes d'explosifs plastiques étaient d'une puissance équivalant à environ 2 kilos de TNT, portées en ceinture par de très jeunes filles. Dmitri Medvedev, le président russe, a annoncé un renforcement général de la sécurité et une lutte acharnée contre les terroristes.

CANICULE MEURTRIÈRE EN RUSSIE. Plus de 100 000 hectares de forêts sont ravagés dans l'ouest et le centre du pays. Le gouvernement russe affirme maîtriser la situation alors que ce désastre écologique a des répercussions économiques mondiales : Moscou a annoncé un embargo sur ses exportations de blé.

RUSSIE. Frappée par une canicule historique en juillet, la Russie est en état d'urgence. Les températures frôlent les 40 °C à Moscou. Plus de 3 000 foyers ont été détruits par les incendies provoqués par la chaleur.

BURQA EN FRANCE. Les députés adoptent le projet de loi sur l'interdiction du port du voile intégral, niqab ou burqa, dans tout l'espace public, sous peine de 150 euros d'amende.

DÉLUGE. Des inondations records frappent l'Inde, la Chine et le Pakistan. Sur 170 millions d'habitants, 20 millions de Pakistanais sont sinistrés et plus de 1 600 personnes ont péri depuis la fin du mois de juillet, à cause des pluies diluviennes.

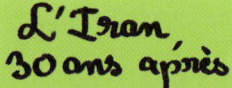

L'Iran 30 ans après

Bien sûr, la révolution iranienne a instauré une terrible dictature. Beaucoup ont connu la prison. Des caricaturistes comme Hassan Karimzadeh se sont retrouvés derrière les barreaux (2 ans !).

Le Monde 14-08-1979

EXCLUSIF : VIVE KHOMEINY

Le régime iranien multiplie les signes de radicalisation

28-10-2005

La caricaturiste iranienne FEROOZEH

QU'EST-CE QUE C'EST COMME RELIGION ?

AVOCAT !

CONNAIS PAS !

Mars 1984

♀=♂   ♀=♂

Et pourtant, malgré la dureté du régime, des femmes ont le courage de manifester leur opposition. C'est risqué, mais elles le font quand même. La dessinatrice Feroozeh n'a pas encore publié ce dessin mais, des fois, à Téhéran, beaucoup de choses sont possibles !... à suivre !

Condamnée
à la lapidation,
une Iranienne adultère
répond à une interview filmée
sous la contrainte

PLANTU

IRAN. Sakineh Mohammadi-Ashtiani, une Iranienne
de 43 ans, est condamnée à mort par lapidation. Ses aveux
ont été recueillis sous la torture devant une caméra,
dans la prison où elle est enfermée depuis deux ans. Avec
400 exécutions par an, l'Iran arrive derrière la Chine
en matière d'application de la peine capitale.

« **CONTRE L'ISLAM** ». Les pasdarans ou gardiens de la révolution excommunient les mollahs qui osent condamner la répression du régime. Cette milice composée de plus de 130 000 hommes est prête à écraser toute contestation « contre l'Islam ».

Un Mahomet flouté

C'est l'idée géniale qu'a trouvée un dessinateur danois pour contourner les interdits concernant le visage du prophète. Un autre Danois, Kurt Westergaard, a échappé à une tentative d'assassinat.

Dessin de Carsten Graabaek (DANEMARK)

Le Monde du 3 février 2006.

Islam : les caricatures de la discorde

CELA DEVRAIT SE TERMINER AVEC CHACUN SON NUAGE.

Dessin de LON (DANEMARK)

Au Caire, un imam m'avait donné cette image du Prophète sans visage.

Depuis, les dessinateurs s'organisent pour répondre à tous les interdits. L'Association "Cartooning for Peace" a été créée pour rassembler des caricaturistes chrétiens, juifs, musulmans, agnostiques, etc. Ces interdits guettent les dessinateurs aujourd'hui. Demain, ce sera peut-être tous les journalistes. À vos stylos ! À vos crayons !

CARTOONING FOR PEACE
DESSINS POUR LA PAIX

OH! PUTAIN!! IL VA LE FAIRE!!!

SUISSE. Les Suisses votent l'interdiction de construire des minarets sur leur territoire. La droite populiste helvète y voit un « symbole politico-religieux ». En France, ce référendum relance la polémique sur l'identité nationale et l'islam.

MOSQUÉE À MANHATTAN. Le projet de construction d'une mosquée à Manhattan, près du lieu où étaient érigées les tours jumelles attaquées par Al-Qaida le 11 septembre 2001, est l'enjeu d'une énorme polémique contre le président Barack Obama.

HOMOSEXUALITÉ. Dans un discours prononcé à Rome devant des évêques catholiques anglais et gallois, le pape a critiqué le projet de loi en cours d'adoption au Parlement britannique, qui condamne toute discrimination à l'emploi, notamment en fonction de l'orientation sexuelle.

BIENHEUREUX. Benoît XVI, favorable à la béatification de Pie XII, relance la polémique entre la communauté juive et l'Église catholique sur le rôle de Pie XII pendant la Seconde Guerre mondiale. Son silence sur la Shoah lui est reproché.

Dialogues Horizons 15

Les trublions

Médiatrice

Véronique Maurus

Jadis, les offenses journalistiques se réglaient sur le pré. Ancien chroniqueur du *Temps*, Olivier Merlin, dans les années 1970, épatait encore les jeunes recrues du *Monde* en arborant une élégante canne-épée qui, racontait-il, avait beaucoup servi... Aujourd'hui, ces querelles se vident sur Internet... et dans la boîte électronique des médiateurs. Autant dire que les affaires Stéphane Guillon et Eric Zemmour ont beaucoup alimenté le Courrier des lecteurs, ces derniers temps.

Il n'est point question de nous mêler ici de ce qui ne nous regarde pas. Le médiateur du *Monde* a déjà assez à faire avec ses propres trublions pour ne pas se charger de ceux des autres. Or le hasard a voulu que, récemment, trois desdits trublions ont, chacun dans leur domaine, chatouillé la susceptibilité de nos lecteurs, suscitant un abondant courrier contradictoire. C'était l'occasion d'explorer les limites de la liberté d'expression avec ceux qui, chroniqueurs et humoris-tes, font le plus régulièrement débat, parce qu'ils dérangent.

Le premier, Hervé Kempf, dans une chronique du 22 février, a fait un parallèle hardi entre les climato-sceptiques d'aujourd'hui et les munichois de 1938. *« Trop c'est trop ! La semaine dernière, les climato-sceptiques étaient des adeptes de la théorie du complot. Aujourd'hui, ils sont des "munichois". Quand on n'a plus d'argument, reste l'insulte »*, s'indigne, entre autres, Fabrice Descamps (Niort), tandis que, en sens inverse, Jean-Marc Jancovici (Paris) s'interroge : *« Un média est-il dans son bon droit quand il donne de l'espace à Allègre, Gallam ou Courtillot (...) parce que toutes les opinions ont droit au chapitre ? »*

Hervé Kempf répond : *« A certains moments importants de l'histoire, l'opinion collective peut se tromper. La crise écologique me paraît relever de ces moments, tant l'ampleur des conséquences possibles serait grave. C'est tout ce que j'ai voulu dire, je ne voulais bien entendu pas stigmatiser tous ceux qui doutent. »*

Caroline Fourest, dans sa chronique du 27 mars, soulignait l'accumulation des dérapages d'Eric Zemmour, notant : *« En matière de raccourcis, le casier médiatique d'Eric Zemmour est loin d'être vierge. »* L'effet ne s'est pas fait attendre. *« Ce casier médiatique n'est pas une plaisanterie, un raccourci. C'est un vrai concept. Le CSA est assimilé à une instance judiciaire qui a les mêmes rapports avec les journalistes que les délinquants récidivistes avec la police »*, désapprouve Marc Salomone (Paris). Au contraire, Daniel Dollé (Sermages, Nièvre) remercie notre chroniqueuse pour *« sa mise au point très claire sur "les petits calculs d'Eric Zemmour". »*

« Il ne faut pas faire du littéralisme, répond Caroline Fourest. La métaphore sur le casier médiatique venait après l'explication des nombreux dérapages et raccourcis d'Eric Zemmour. »

Plantu, enfin, dans l'édition datée 28-29 mars, a dessiné un prélat (pédophile ?) disant : *« Les voies du Seigneur sont impénétrables »*. A son côté, un enfant répond : *« Y a bien qu'elles ! »* La riposte s'est aussitôt manifestée sous la forme d'une pluie de courriels. Beaucoup étaient trop semblables pour ne pas être organisés. Pas tous : *« Voilà qui me semble relever du lynchage plus que de l'audace iconoclaste : l'adversaire a déjà un genou à terre et, en aggravant avec légèreté le crime dont il est accusé, on est sûr d'être du côté de l'opinion indignée »*, déplore

Daniel Fischer (Montpellier). Au contraire, Joëlle Goutal (Paris) écrit : *« J'imagine que le dessin de Plantu va provoquer des réactions indignées d'un certain nombre de bien-pensants. Je voudrais saluer son courage, son culot, et cette façon unique de décocher des flèches là où ça fait mal, là où ça fait du bien aux esprits libres ! »*

« La violence du dessin est à l'aune de la violence du silence de l'Eglise. Je ne visais pas l'ensemble des catholiques », précise le dessinateur.

Au-delà des réponses circonstancielles, il ressort clairement des courriers – et de leur nombreux *« trop, c'est trop ! »* – que nos impertinents ont, chacun à leur façon, approché les limites de l'exercice. Que sont-elles ?

Dans un journal comme *Le Monde*, attaché depuis toujours à la diversité des opinions (extérieures ou internes), elles se confondent avec celles fixées par la loi – qui interdit notamment la diffamation, l'injure, l'incitation à la haine, le racisme, l'atteinte à la vie privée, etc. Dans ce cadre, on peut donc tout dire, à condition de pouvoir le justifier, soit par des faits, soit par des arguments solides.

Il est normal que les chroniqueurs expriment des idées faisant débat, et que les dessinateurs, par nature provocateurs, dérangent. C'est même leur rôle. L'abondance des réactions qu'ils suscitent est, en ce sens, un bon indice. *« Je n'aimerais pas écrire pour laisser indifférent. Enoncer les* choses très simplement bouscule déjà pas mal »*, explique Caroline Fourest. *« Si je ne flirte pas avec le dérangeant, je ne remplis pas mon contrat »*, ajoute Plantu.

Les bornes sont de leur responsabilité, ils en sont conscients : *« Ni injure ni attaque ad hominem et, bien sûr, pas d'erreur factuelle. Je veux pouvoir assumer mes textes, des années après »*, assure Hervé Kempf. *« Les limites sont, outre le non-respect des faits, l'incitation à la haine, la violence gratuite »*, dit Caroline Fourest. *« La limite est de ne pas humilier inutilement »*, ajoute Plantu.

Tous résistent à l'autocensure de plus en plus imposée par les réactions des internautes. *« Dans une époque interconnectée, très passionnelle, les chroniqueurs sont si faciles à atteindre qu'ils subissent une pression énorme. Le lecteur ne se rend pas compte qu'il est le principal censeur »*, note Caroline Fourest. *« Le Web organise l'exposition d'une intolérance organisée, renchérit Plantu. On va faire taire tous ceux qui ont une opinion qui dérange. »*

Rabelais, maître de tous les trublions, qui a inventé l'anagramme, le calembour, la contrepèterie et le pastiche, choquait beaucoup plus que nos insolents contemporains. Pourchassé toute sa vie par les censeurs, il a persisté à défendre le rire qui, disait-il en substance, permet un jugement sensé, contrairement au dogmatisme et à la peur. Il n'est pas inutile de le rappeler. ■

Courriel : mediateur@lemonde.fr

PÉDOPHILIE. L'Église traverse une crise sans précédent après la révélation de plusieurs affaires de pédophilie en Irlande, aux États-Unis et en Allemagne. Benoît XVI a reconnu la responsabilité de la hiérarchie catholique, en l'occurrence irlandaise, dans l'étouffement des affaires et a dénoncé ces « crimes ignobles ».

Famine en Corée du Nord

PYONGYANG. La Corée du Nord souffre d'une pénurie alimentaire grave due à un climat défavorable et à un manque d'engrais. La malnutrition touche 23 % des enfants de moins de 5 ans. La République populaire démocratique de Corée est sur la liste noire de l'aide humanitaire à cause de ses essais nucléaires et tirs de missiles.

CORÉE DU NORD. Mandaté par l'Élysée, Jack Lang se rend en Corée du Nord afin de normaliser les relations avec la France, sur les questions des droits de l'homme ou de la non-prolifération nucléaire.

PÉKIN. François Fillon s'est rendu à Pékin en mission de réconciliation, pour rencontrer le Premier ministre chinois Wen Jiabao. Ils ont pris soin de ne pas aborder les questions des droits de l'homme, du Tibet ou de l'environnement.

ÉCONOMIE. Au deuxième trimestre 2010, l'économie chinoise a dépassé celle du Japon et pourrait même détrôner les États-Unis qui occupent la première place du podium mondial. Pourtant, 150 millions de Chinois vivent toujours sous le seuil de pauvreté.

USINE DU MONDE. La Chine est le premier exportateur automobile du monde, devant l'Allemagne ou les États-Unis, avec 13,5 millions de véhicules vendus en 2009.

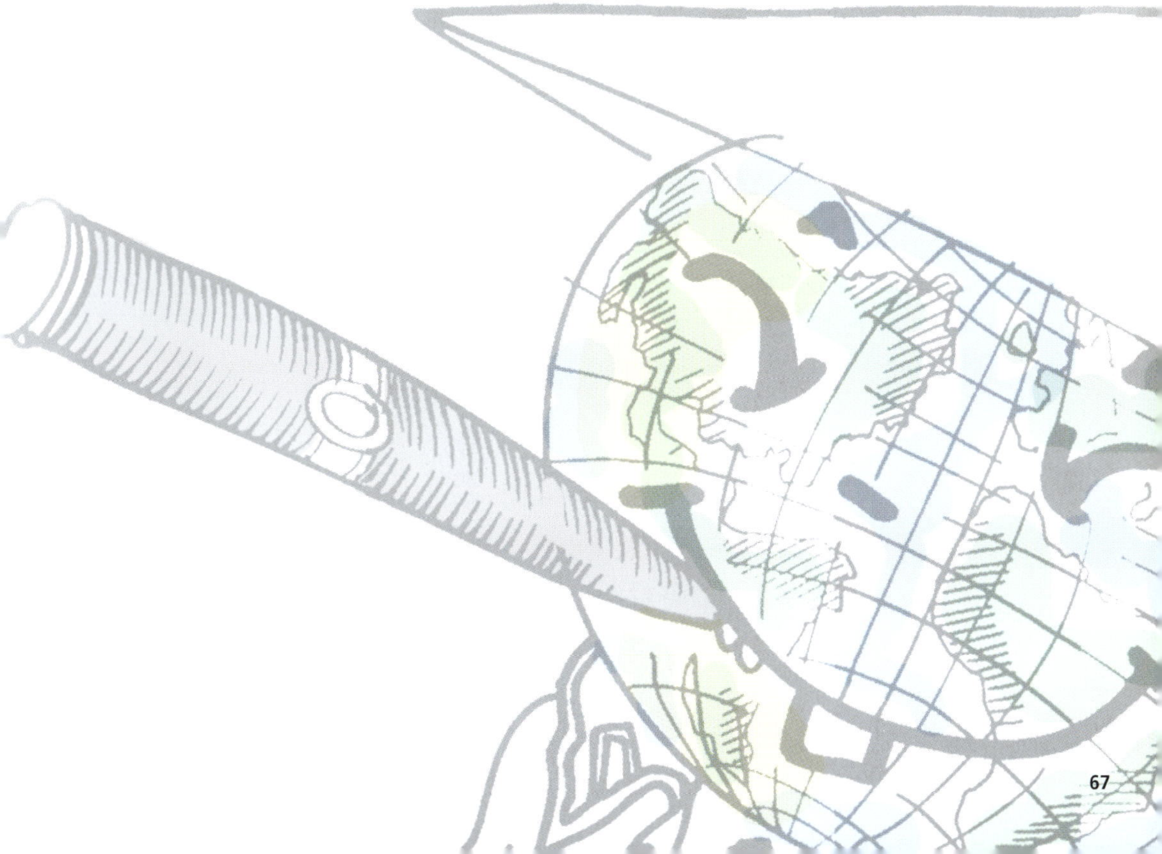

La Chine : premier exportateur mondial

WWW.ECO.SARKO.COM. Nicolas Sarkozy effectue sa première
visite bilatérale à Washington depuis l'entrée en fonction
de Barack Obama. Il est invité à dîner dans les appartements
privés de la Maison-Blanche, en compagnie de Carla.

RÉFORME OBAMA DE LA SÉCURITÉ SOCIALE. « Ce n'est pas une réforme radicale, mais c'est une réforme majeure » affirme Barack Obama, le Congrès américain ayant accepté sa réforme historique du système de santé américain.

ENTENTES CORDIALES. Le G8 rassemble au Canada les dirigeants des pays les plus riches du globe (Obama, Merkel, etc.).

Crises

PLANTU

LA GRÈCE AU BORD DU GOUFFRE. Athènes prévoit de réduire son déficit de quelque 30 milliards d'euros pour le ramener en deçà de 3 % en 2014.

AU SECOURS ! Le montant de la dette publique
de la Grèce s'élève à 300 milliards d'euros.

LA GRÈCE EN FAILLITE. Longtemps hostile à une aide à la Grèce, Angela Merkel décide enfin de rallier le sauvetage économique du pays avec l'aide de l'Union européenne et du Fonds monétaire international (FMI), afin « d'assurer la stabilité financière de l'Europe », en contrepartie de mesures d'austérité économique. Cette aide représente 110 milliards d'euros, sur trois ans.

L'EUROPE EN CRISE. Barack Obama s'est entretenu à plusieurs reprises avec Nicolas Sarkozy et Angela Merkel afin qu'ils stabilisent la situation en Europe, avant qu'elle n'affecte celle des États-Unis.

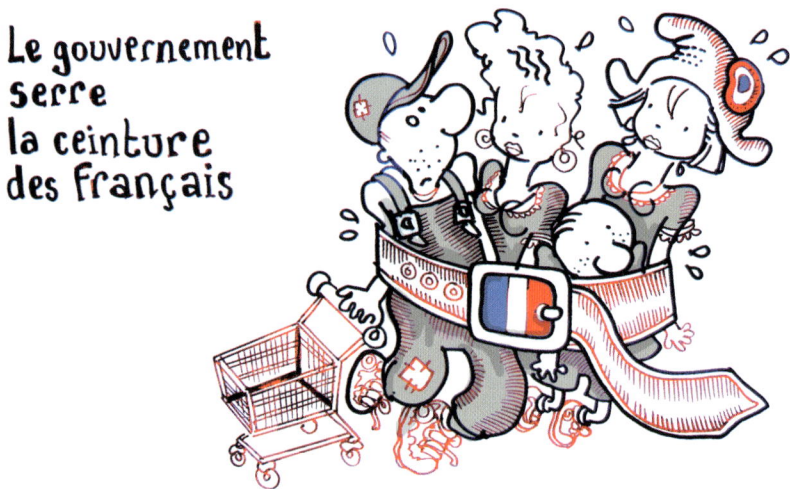

EUROPE. La rigueur économique s'installe en Europe. Tous les gouvernements s'attaquent à la dépense publique.

SECTEUR SINISTRÉ. Le 47ᵉ Salon international de l'agriculture à la Porte de Versailles à Paris ouvre ses portes dans un climat tendu : le monde agricole connaît la crise la plus dure de ces 30 dernières années.

TERRE. Nicolas Sarkozy veut soulager les paysans face
à l'effondrement des prix agricoles : « La terre
fait partie de l'identité nationale française » affirme
le président de la République.

AUSTRALIE. Le pays traverse la crise sans encombre, grâce à ses échanges commerciaux avec la Chine et une relance budgétaire massive.

NAUFRAGE. L'Islande continue d'affronter une crise financière sans précédent. Elle ne parvient pas à rembourser les avoirs britanniques et hollandais, ses plus gros créanciers.

SPÉCULATIONS. Un fonds d'urgence européen est créé pour aider les pays défaillants. Les spéculateurs sont dans le collimateur des dirigeants européens. « Désormais, ils doivent savoir qu'ils en seront pour leurs frais », a affirmé Nicolas Sarkozy qui compte sanctionner tout comportement de marché anormal.

LISTING DES FRAUDEURS. Angela Merkel confirme et justifie l'achat du listing de données fiscales dérobé à la HSBC, pour la somme de 2,5 millions d'euros. Les 1 500 comptes listés ayant échappé au fisc allemand devraient rapporter près de 100 millions d'euros à l'État.

DAVOS. Lors de sa participation au 40e Forum économique mondial à Davos, Nicolas Sarkozy dénonce les excès du capitalisme financier et préconise la réforme du système monétaire international et la régulation des taux de change, ses priorités pour le sommet du G20 en 2011.

TAXE SUR LES BONUS.
Londres et Paris mettent
en place une taxation
des bonus des traders :
les récompenses
seront sanctionnées.

CUMUL DE CASQUETTES. Henri Proglio, nommé président
d'EDF et de Veolia, a cumulé les casquettes et les salaires.
Sa double rémunération de près de 2 millions d'euros
a soulevé l'indignation de l'Assemblée. M. Proglio quittera
l'administration d'Areva avant la fin 2010.

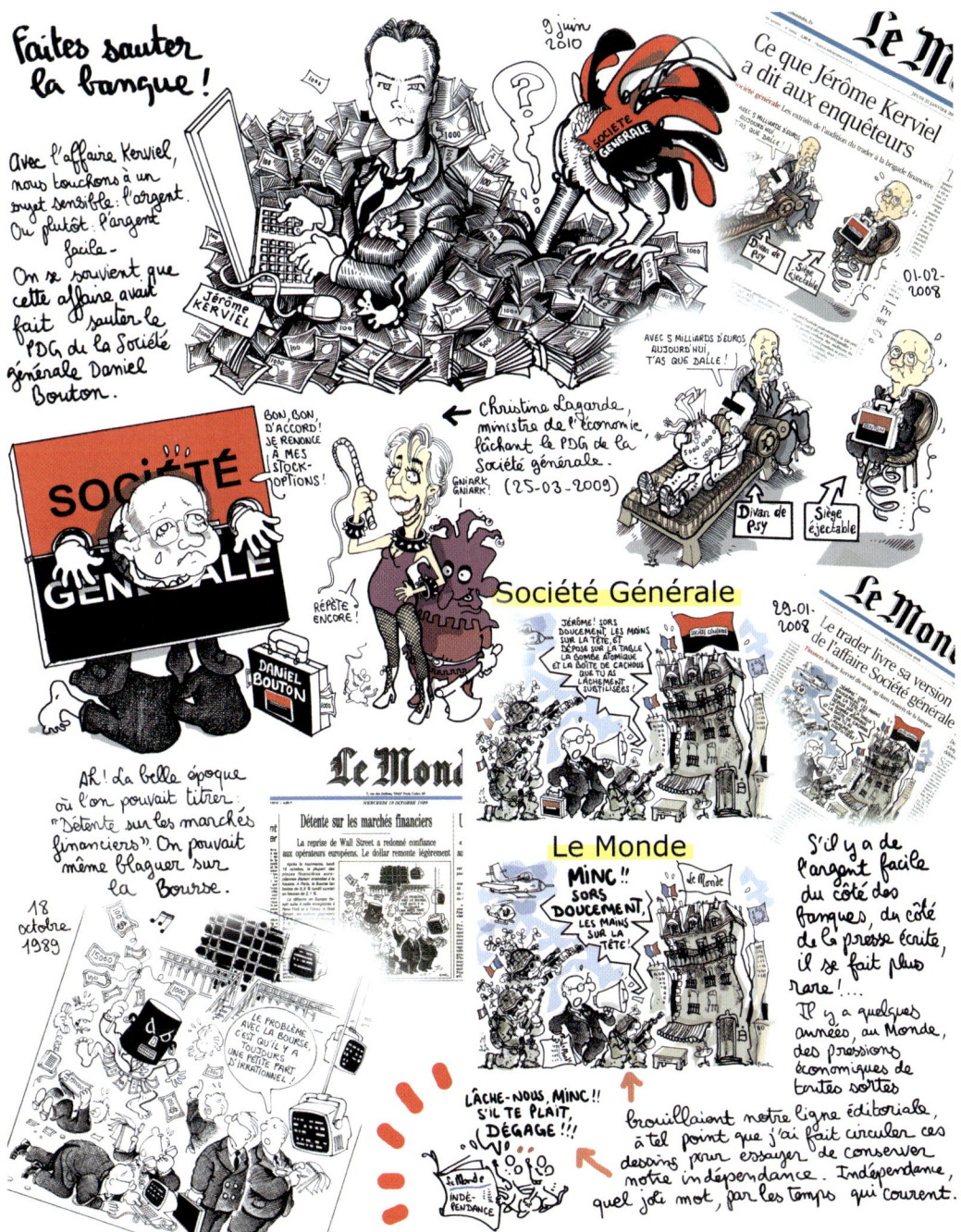

PROCÈS KERVIEL. Ouverture, le 6 juin, du procès de Jérôme Kerviel, le trader de la Société Générale qui a détourné 4,9 milliards d'euros sur des opérations fictives en 2008. Jérôme Kerviel est condamné à trois ans d'emprisonnement ferme et à payer la totalité de la somme détournée. Devant la polémique suscitée auprès de l'opinion publique, la Société Générale renonce à réclamer cette somme.

UN CÉSAR POUR WOERTH. Éric Woerth est accusé par le journal *Libération* d'être intervenu dans le dossier fiscal de l'artiste César. Il aurait intercédé en faveur d'un allègement fiscal de 27 millions d'euros sur sa succession. Entendu à ce sujet par la brigade financière, Éric Woerth rejette ces accusations. Après les allégations de financement politique illégal dans l'affaire Bettencourt, il démissionne de son poste de trésorier de l'UMP.

Compression de César

UNE ŒUVRE EXCEPTIONNELLE EXONÉRÉE D'IMPÔTS !

UNE FOIS !... DEUX FOIS...

Les affaires
de la République

POLÉMIQUE. Jean Sarkozy est pressenti pour succéder à Patrick Devedjian à la tête de l'Établissement public d'aménagement du quartier d'affaires de la Défense (EPAD) chargé du plus grand quartier d'affaires d'Europe. Étudiant en deuxième année de droit et conseiller général, le fils cadet du chef de l'État retire finalement sa candidature devant le tollé, mais intègre le conseil d'administration de l'EPAD.

« La dépense publique est financée par les impôts. Les Français vivent dans des conditions difficiles, il faut donc naturellement que les politiques montrent l'exemple. »
RENÉ DOSIÈRE, DÉPUTÉ SOCIALISTE

Exit les ministres!

Evidemment, on connaissait les dépenses et les ennuis du secrétaire d'État à la coopération. Les 116 500 € de son jet privé lui ont permis de rentrer à pied... chez lui.

Le secrétaire d'État à la coopération utilise un jet privé : 116 500 €

Un autre ministre démissionne pour s'être fait payer 12 000 € de cigares sur des fonds publics.

L'ancien Premier ministre Alain Juppé n'a pas démissionné à cause de son appartement de la rue Jacob. Il a quitté ses fonctions après la dissolution calamiteuse organisée par Jacques Chirac.

Du côté de la gauche, on a assisté au départ de Dominique Strauss-Kahn après l'affaire de la MNEF. Un des responsables du PS avait détourné 90 000 € prévus pour la mutuelle des étudiants. Le type est toujours député du PS (on rêve!...). À l'époque, DSK avait pris la décision de démissionner!

TUTELLE. Françoise Bettencourt-Meyers réclame une mise sous tutelle pour sa mère, âgée de 87 ans. Liliane Bettencourt refuse de se soumettre à une expertise médicale.

L'ORÉAL. Françoise Bettencourt-Meyers, la fille de Liliane Bettencourt, intente un procès au photographe François-Marie Banier, l'accusant d'avoir abusé de la faiblesse de sa mère en échange de compensations financières. Liliane Bettencourt, soupçonnée d'évasion fiscale, est également soumise à un contrôle de l'administration fiscale.

GROSSE FATIGUE. À chaque révélation dans l'affaire Bettencourt, Nicolas Sarkozy perd un peu plus en puissance. Le président a mal mesuré l'ampleur des dégâts et la fragilisation de son ministre Éric Woerth.

AVIGNON. À l'occasion de l'ouverture de la 64e édition du Festival d'Avignon, Denys Podalydès incarne le roi Richard II (William Shakespeare) au palais des Papes.

BURQA. Les députés examinent le projet de loi interdisant le port du voile intégral au nom de la défense de l'ordre public et du respect de la dignité.

PISTON. Éric Woerth nie être intervenu lors de l'embauche de son épouse Florence, dans la société qui gère les actifs de Liliane Bettencourt.

Affaire Bettencourt
DEPUIS JUIN 2010

AFFAIRE WOERTH-BETTENCOURT. Éric Woerth, ministre du Travail, est soupçonné d'avoir effectué des interventions fiscales illicites en faveur de Liliane Bettencourt. Il est lui-même trésorier de l'UMP et son épouse, Florence Woerth, travaille dans la holding de Patrice de Maistre, chargée de la gestion de la fortune des Bettencourt, estimée à 16 millliards d'euros. Mise sous pression, Florence Woerth démissionne.

96

ÎLE D'ARROS. C'est aux Seychelles que se trouve l'île d'Arros, propriété de Liliane Bettencourt, évaluée à 500 millions d'euros, qui devait, à l'époque, revenir à François-Marie Banier.

REMANIEMENT ? Selon un sondage CSA, 55 % des personnes interrogées jugent un remaniement ministériel nécessaire. « Je verrai le rapport de l'inspection générale des finances. S'il y a faute, je sanctionnerai. S'il n'y a rien, je ne vois pas pourquoi je le ferais ! », affirme Nicolas Sarkozy.

Immunique ta mère !

J'ai souvent dessiné Jacques Chirac en homme politique qui échappe à la justice.

Un autre personnage qui passait toujours au travers des mailles du filet, c'est Charles Pasqua, protégé par sa "qualité" de sénateur...

Ça me rappelle ➜ ce dessin qui représentait Roland Dumas croisant Jacques Chirac. Finalement, ce brouillon n'a pas été retenu...

Sumo (le retour)

SUMO. Le chien de Jacques Chirac a mordu son maître.

AFFAIRE CHIRAC. Pour la première fois dans l'histoire de la Vᵉ République, un ancien président est renvoyé en correctionnelle pour détournement de fonds publics dans l'affaire des emplois fictifs de la mairie de Paris dans les années 1990.

PROTOCOLE. Un accord, signé entre la mairie de Paris, l'UMP et Jacques Chirac, prévoit l'abandon de la plainte de la ville contre le remboursement de 2,2 millions d'euros d'indemnisation. Seuls 550 000 euros restent à la charge de l'ancien chef de l'État.

ANGOLAGATE. Charles Pasqua, ancien ministre de l'Intérieur, condamné à un an de prison ferme pour trafic d'influence dans l'affaire de l'Angolagate, tente de transformer sa condamnation en affaire politique, en impliquant François Mitterrand, Jacques Chirac, Édouard Balladur et Alain Juppé.

GASTON FLOSSE. L'ancien président de la Polynésie française est accusé de corruption passive et abus de biens sociaux.

ROMAN POLANSKI. Le cinéaste franco-polonais, poursuivi par la justice américaine pour une affaire de mœurs remontant à 1977, est libéré sous caution et sous condition par le tribunal pénal fédéral suisse.

JOHNNY HALLYDAY. Le chanteur est autorisé à quitter l'hôpital Cedars-Sinai de Los Angeles après 16 jours d'hospitalisation. Il espère regagner rapidement la Suisse, où il a élu résidence afin de payer moins d'impôts.

HERVÉ FALCIANI. Cet ancien cadre de la banque HSBC est l'informateur qui a transmis aux autorités françaises la liste des personnes soupçonnées d'évasion fiscale en Suisse.

Rapport mondial sur la corruption : La France est très mal placée

SANS-PAPIERS. En 2009, Éric Besson a effectué 6 000 régularisations de sans-papiers. La même année, la France a procédé à 29 000 expulsions d'étrangers.

TRAVAIL ILLÉGAL. Des travailleurs sans papiers auraient été employés lors de travaux réalisés dans des locaux de l'Assemblée nationale.

Société

8 MARS 2010. Journée internationale
de la femme.

L'INDE PLUS FÉMINISTE QUE LA FRANCE. La Chambre haute du Parlement indien a voté, le 9 mars, une loi accordant aux femmes le tiers des sièges au Parlement. Aujourd'hui, les femmes ne représentent que 10 % des élus.

Liberté, Egalité, Burqa

À la fin des années 80, les voiles se multipliaient dans les écoles. Le débat faisait rage et l'avis du Conseil d'État fut tellement ambigu que Lionel Jospin, ministre de l'Éducation, ne réussit pas à avoir une position claire.

28 novembre 1989

Le Monde 01/7/2009

C'EST ENCORE L'AYATOLLAH, LE PROVISEUR ET LE PRÉFET QUI VOUDRAIENT SAVOIR COMMENT TU T'HABILLES CE MATIN !

19/06/2009

7/11/1989

C'EST NOUVEAU ?!! C'EST QUOI CE TRUC ?

C'EST MA RELIGION !

Et puis, sont apparues, ici et là, des burqas, très prudent, le Conseil d'État donna en mars 2010 un avis négatif sur l'interdiction de la burqa en France.

En attendant, la **SDP** (la Secte des Poireaux) a demandé au Conseil d'État l'autorisation de se montrer sur les lieux publics.

HEU... BON,... D'ACCORD !... MAIS PAS SUR LES MARCHÉS !

Conseil d'État

ESCROC. Démasqué après l'arrestation de son épouse conduisant en portant le niqab, un épicier de Nantes de 35 ans est mis en examen pour fraude aux allocations familiales : il aurait touché des dizaines de milliers d'euros au nom de ses trois « épouses ». Accusé de polygamie, il est de nouveau mis en examen le 8 août pour « viols aggravés » à la suite de la plainte de l'une de ses compagnes.

Un Quick halal à Roubaix

Hot-dogme

HALAL. L'enseigne de restauration rapide Quick propose « des viandes certifiées halal » dans 14 de ses restaurants. Menacée par une plainte pour « discrimination » par le maire de Roubaix, l'enseigne accepte de proposer les mêmes produits que dans les autres franchises.

Liberté, Égalité, Tartufferie !

Depuis la campagne présidentielle de 2007, on parle beaucoup d'identité nationale. La gauche, PS en tête, faisait déjà des leçons de morale. C'est vrai que le racisme ne pouvait venir que de la droite...

Monde du 15 mars 2007

Le Monde

DES ENNUIS DANS VOTRE PAYS ? PROUVEZ-LE !

Pour réconcilier le pays, on pouvait imaginer de jolies petites Marianne de toutes les couleurs. Mais encore fallait-il que les amateurs de kärcher ne mettent pas de l'huile sur le feu...

Le Monde
Le retour des sans-papier

Pourtant, en mars 2006, il y avait eu l'affaire Georges Frêche (PS).

ON NE POURRAIT PAS LE PRENDRE AU FRONT NATIONAL, IL VA TROP LOIN !

Frêche suspendu du bureau national du Parti socialiste

LES FRASQUES DE FRÊCHE

Il faut les voir aujourd'hui s'aplatir, ces militants du PS devant un Georges Frêche qui avait traité les harkis de "sous-hommes". Mais, c'est vrai qu'en Languedoc-Roussillon, comme dans toute la France, ce sont bientôt les régionales. Rien ne compte plus. Pas même l'identité humaine.

DÉBAT SUR L'IDENTITÉ. Éric Besson, ministre de l'Immigration, ouvre le grand débat sur l'identité nationale afin de « réaffirmer les valeurs de l'identité nationale, et la fierté d'être Français ».

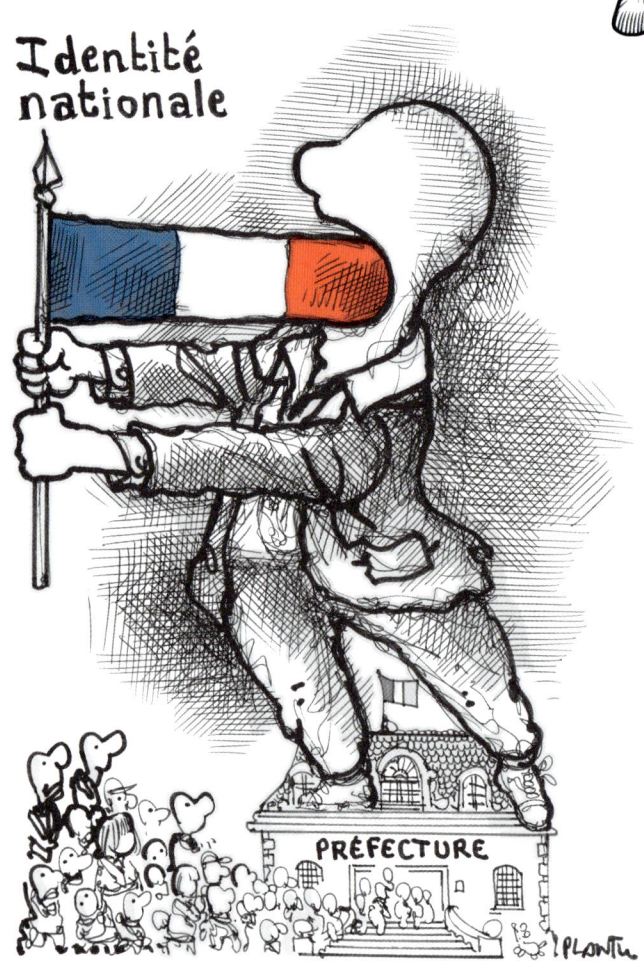

EXPULSIONS. Un vol groupé franco-britannique, en partance de Londres et à destination de Kaboul, transporte une vingtaine d'Afghans sans papiers interpellés à Calais. Malgré les pétitions contre les retours forcés en Afghanistan, le ministre de l'Immigration Éric Besson a affirmé que d'autres vols seraient organisés sous certaines conditions.

Déchéance

Liberté Égalité Fraternité -Liberté Égalité Fraternité- Liberté Égalité Fraternité- Liberté Égalité Fraternité- Liberté Égalité Fraternité-Liberté Égalité Fraternité-Liberté Égalité Fraternité-Liberté Égalité Fraternité

DÉPARTS VOLONTAIRES.
Le gouvernement
français organise
charters et primes de
départ « volontaire »
(300 euros).

BENOÎT XVI exprime sa désapprobation contre la politique française d'expulsion des Roms. « Dans les textes, tous les hommes sont appelés au salut. C'est une invitation à savoir accueillir les légitimes diversités humaines ».

VIOLENCES À GRENOBLE. Affrontements entre des délinquants et la police, dans le quartier de la Villeneuve à Grenoble, après la mort d'un jeune braqueur du quartier tué par la police. Plus de 300 policiers ont été chargés de rétablir l'ordre public par tous les moyens.

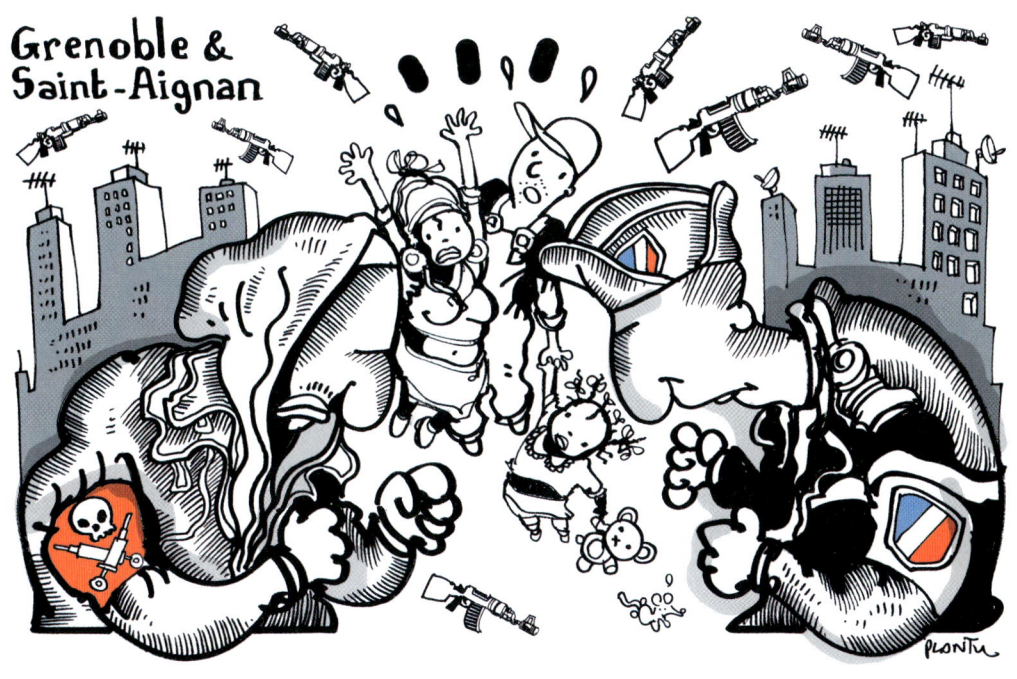

SÉCURITÉ. Après les violences urbaines de Grenoble, Nicolas Sarkozy « remplace » le préfet de l'Isère.

VIOLENCES À L'ÉCOLE. Luc Chatel, ministre de l'Éducation nationale annonce, le 8 avril, une série de mesures destinées à sécuriser les établissements scolaires et à mieux préparer les enseignants à la gestion des conflits.

ARMES À FEU. Un lycéen de 16 ans est blessé par arme à feu devant son établissement scolaire à Sucy-en-Brie dans le Val-de-Marne. À Lyon, Amar, un collégien de 12 ans, est abattu lors d'une altercation entre deux bandes rivales qui ont ouvert le feu avec un fusil à chevrotine et un fusil-mitrailleur.

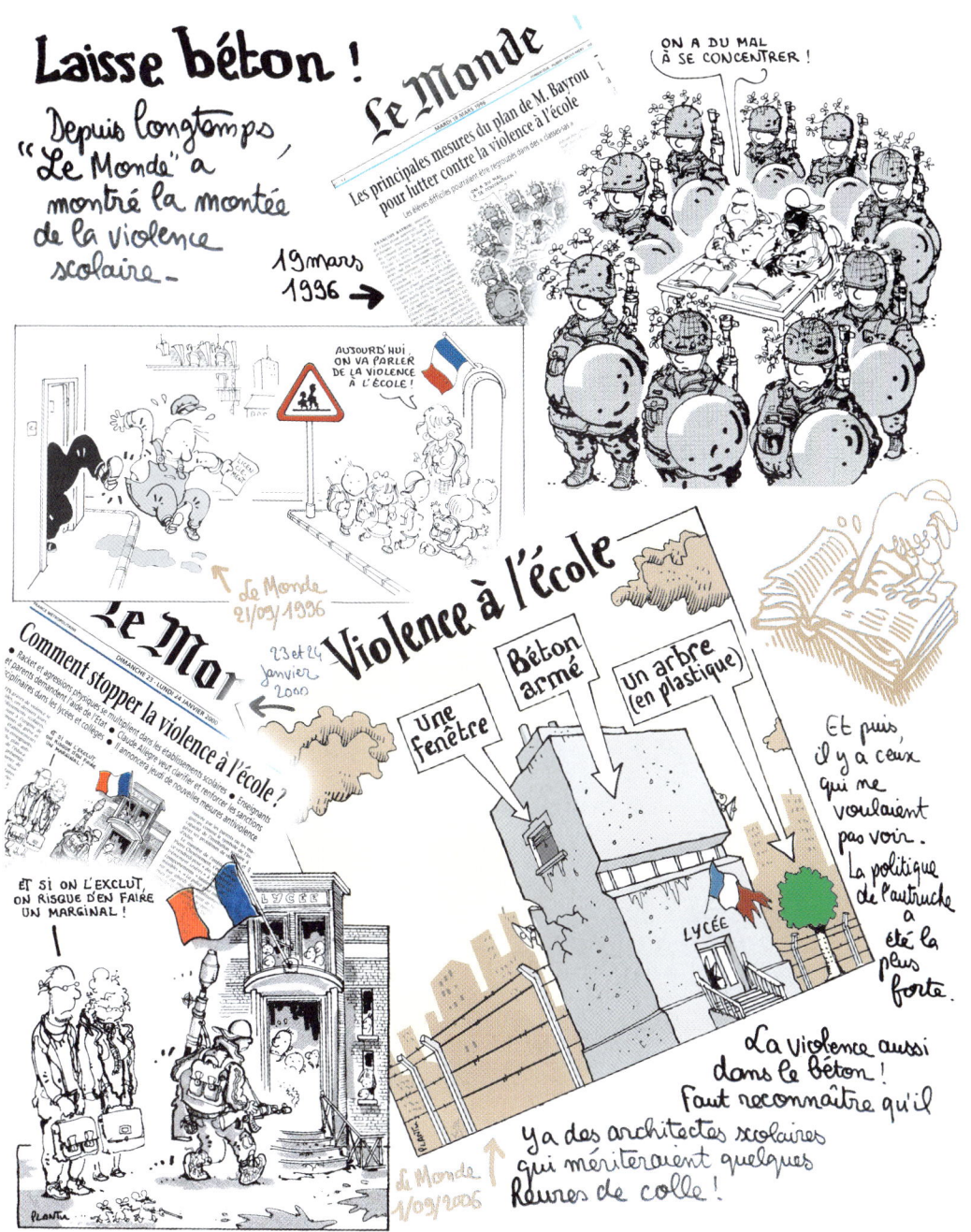

ALLOCATIONS FAMILIALES SUPPRIMÉES. Selon un sondage CSA d'avril 2010, 63 % des Français sont pour la suppression des allocations familiales en cas d'absentéisme à l'école. Pour Nicolas Sarkozy, l'absentéisme est le premier pas vers la délinquance. 8,2 % des jeunes des collèges et lycées sèchent les cours.

MOINS D'HISTOIRE. Le projet de réforme des lycées présenté par Luc Chatel prévoit la suppression des deux heures et demie hebdomadaires de cours d'histoire-géographie de terminale S.

SUICIDES. En deux ans, 25 salariés de France Télécom se sont donné la mort.

STRESS AU TRAVAIL. Le gouvernement Fillon annonce un « plan d'action d'urgence » pour lutter contre le stress au travail, après la polémique suscitée par la vague de suicides à France Télécom.

MENACES SIDÉRURGIQUES. 100 000 emplois sont
en sursis dans la sidérurgie. Des grévistes désespérés
menacent de tout faire sauter dans leur entreprise.

—Voilà, Monsieur: Je rêve de conduire le RER A ou B. Et voici
la liste des grèves que je compte organiser entre 2010 et 2020,
espèce de gros pourri de patron !
—Ah! J'hésite.

PROBLÈMES DE TRAFIC. D'abondantes chutes de neige ont provoqué d'importantes perturbations sur le trafic ferroviaire dans les Pyrénées-Orientales et l'Aude. Plus de 6 000 usagers de la route et du rail ont dû être hébergés d'urgence dans la nuit du 8 mars.

Les grèves en Corse

GRÈVE des AIGUILLEURS du CIEL

GRÈVE de la SNCM

PLANTU

Les aiguilleurs du ciel en colère

GRÈVES. La baisse des effectifs liée à l'annonce de la création d'un espace aérien commun à la France, à l'Allemagne, à la Suisse et au Benelux provoque le mécontentement des pilotes de ligne et des aiguilleurs du ciel : des mouvements de grève chez British Airways, Air France et Lufthansa ont causé l'annulation de centaines de vols entre février et juillet.

COUR DES COMPTES. Le rapport d'expertise de la Cour des comptes a révélé une mauvaise gestion budgétaire chez Air France qui a dû fournir des explications au gouvernement concernant un trou de plus de 20 millions d'euros constaté dans les caisses du Comité central d'entreprise de la société.

PHILIPPE SÉGUIN. Un hommage solennel est rendu à la mémoire de Philippe Séguin, président de la Cour des comptes décédé le 7 janvier 2010.

GRÈVE DES CHEMINOTS. Alors que tous les avions sont immobilisés, la CGT et SUD-Rail lancent une grève à la SNCF.

L'ÉRUPTION du volcan islandais Eyjafjöll a provoqué 5 jours de paralysie du trafic aérien. Le nuage de cendres a causé la fermeture de plus de 300 aéroports et l'annulation de 63 000 vols. 6,8 millions de passagers se sont retrouvés bloqués sur place.

Les 10 ans des 35 heures.

Sur ce dessin → daté du 01·04·1998, Lionel Jospin et Martine Aubry se préparent à faire passer la loi sur les 35 heures.

Beaucoup, à l'époque, s'interrogeaient sur l'opportunité d'une telle loi.

Récemment, je reçois un appel du rédacteur en chef de "La Vie du Rail". Il me propose de fêter les 25 ans du TGV et il me demande d'imaginer le TGV dans 25 ans. Je lui donne ce dessin, il rigole mais refuse de l'imprimer : "Si je le publie, j'aurai une grève !!" J'étais surpris : je ne savais pas que les conducteurs avaient repris le travail !...

ROUMANIE. Dominique Strauss-Kahn (FMI) préconise un plan de rigueur pour la Roumanie. 50 000 personnes manifestent à Bucarest contre le projet d'austérité qui a été annoncé : réduction de 25 % du salaire des fonctionnaires et de 15 % pour les retraites.

RETRAITE À 60 ANS. Après avoir laissé entendre qu'il fallait oublier la retraite à 60 ans, Martine Aubry revient sur sa déclaration.

PROFIT. L'avancement de l'âge légal de départ
à la retraite à 62 ans devrait permettre à l'État
d'économiser 20 milliards d'euros annuels.

RETRAITES. Le gouvernement Sarkozy annonce
son avant-projet de loi sur la réforme des retraites,
portant l'âge légal de départ à la retraite de 60
à 62 ans, dès 2018.

ÉRIC WOERTH affirme que la réforme des retraites sera appliquée dès 2011. Le ministre est conforté par le président du FMI, Dominique Strauss-Kahn qui déclare : « Si l'on vieillit plus longtemps, il faut qu'on travaille plus longtemps. » Il contredit ainsi Martine Aubry, qui refuse catégoriquement la remise en question de la retraite à 60 ans.

"Même pas mal !"

C'est ce que disent les premiers ministres successifs à chaque fois qu'il y a des grèves. De Balladur à Raffarin, en passant par Villepin et Fillon, les mouvements sociaux s'en prennent aux propositions gouvernementales.

Manifs en France

Le gouvernement Villepin : "Même pas mal !" (8 avril 2006)

MÊME PAS MAL !

Le premier ministre Balladur et son ministre Sarkozy en 1995.

Les manifestations contre Raffarin et Fillon.

En attendant, il faudra bien régler le problème des retraites.

PLANTU

C'EST QUI QUI VA PAYER MA RETRAITE ?

LE SÉNAT a abaissé le plafond global des niches fiscales en décembre, contre l'avis du gouvernement.

NICHES FISCALES (SUITE). François Fillon réitère son intention de réduire ou de plafonner les niches fiscales et sociales.

BOUCLIER FISCAL. Nicolas Sarkozy aux parlementaires UMP : « Ne changez rien au bouclier fiscal ; si on touchait au bouclier fiscal, je choisirais moi-même le terrain, le moment et l'enjeu. »

Les élections régionales

PLANT..zzz

NATIONALISATION. Nicolas Sarkozy décide de « nationaliser » la campagne des élections régionales de mars 2010. Il prend la tête du scrutin, supervise la constitution des listes, mobilise les candidats et planche sur les thèmes de la campagne.

FOULARD. Le Nouveau parti anticapitaliste d'Olivier Besancenot compte sur ses listes une candidate voilée de 22 ans. Rama Yade y voit « une atteinte aux principes républicains et à la laïcité ».

Dérapages

Depuis que nous parlons des dérapages de Georges Frêche, on oublie que la vie est remplie de dérives plus ou moins contrôlées.

ET MOI JE DIS QUE LE PS EST DE GAUCHE !

IL DIT N'IMPORTE QUOI !

2 brouillons mon retenus, à propos de Georges Frêche (2006)

Moi, si j'étais caricaturiste, j'aurais dessiné Mahomet en train de...

IL PLAISANTE

Martine Aubry → Le Monde du 07/02/2010

Georges Frêche

On se souvient, bien sûr, de la phrase de Jean-Marie Le Pen à propos du "détail" des chambres à gaz.

CE QUI EST CHIANT, C'EST QU'ON NE PEUT JAMAIS PLAISANTER AVEC LES DÉTAILS !!

ÇA ME MET EN FÜHRER !

tristes, concrétisés par une lettre de M. Méhaignerie.

Les écarts de langage de M. Le Pen

CE QUI EST CHIANT, C'EST QU'ON NE JAMAIS PLAISANTER AVEC LES DÉTAILS !!

ÇA ME MET EN FÜHRER !

Reçu, le vendredi 2 septembre, par le maire RPR du Cap d'Adge, M. Pierre Leroy-Beaulieu, M. Le Pen devait déclarer : « Il n'y a pas de chambre à droits sans le Front national. Leur vérité, fait son chemin auprès des responsables sociaux ». Cette vérité, en effet, a déjà fait de Front résmin dans plusieurs régions, ainsi que l'illustre par ailleurs cette Le Pen, qui dénombre peut-être. Plus loin dans certaines réponses municipales, ainsi qu'en lui-même, en jamais pourtant « M. Le Pen a été montré tel « M. Le orabour, permettore la grandeur, avant l'embour du centre accèdent enfin à la réalité conscience de ce la des devra une fois pour toutes, le rendre infréquentable.

(Lire nos information

Le Monde du 4 septembre 1988.

réclame une « union sans faille »

EN VÉRITÉ, JE TE LE DIS : LAISSE TOMBER MADONNA ET ENREGISTRE TON PROPRE DISQUE !

ASSEMBLÉE NATIONALE

La Une du Monde du 04-12-1987

Jean-Paul II enregistrera un disque dans lequel il récite un texte sur une musique de Plastic Bertrand

Pour ma part, j'ai participé à un gros dérapage : j'avais gobé, en regardant M6, que Jean-Paul II devait enregistrer un clip avec "un texte et une musique de Plastic Bertrand". Je file au service culturel et j'interroge une stagiaire qui me confirme "l'info". N'importe quoi ! Un peu comme si, aujourd'hui, j'imaginais Benoît XVI en drag queen ! Quoique...

LE CAS FRÊCHE. Georges Frêche est écarté de
la liste PS aux régionales. Celui-ci se maintiendra
contre l'avis de Martine Aubry et emportera
les élections régionales en Languedoc-Roussillon.

ABSTENTION. Lors du premier tour des régionales, un niveau record est atteint : 53,63 % des électeurs ont boudé les urnes.

FRANCE TÉLÉVISIONS. Les personnels du groupe public posent un préavis de grève pour le second tour des élections régionales.

PREMIER TOUR. En Île-de-France, Jean-Paul Huchon qui conduit la liste PS promet que « les retrouvailles avec les Verts et nos amis communistes seront naturelles, notre unité ne sera pas de façade ». Martine Aubry essaye de mobiliser les abstentionnistes. Valérie Pécresse conduit la liste de la majorité.

LA GAUCHE installe dans 22 régions une nouvelle alliance entre les deux tours : le Parti socialiste, Europe Écologie (Cécile Duflot) et le Front de Gauche seront unis.

FRONT NATIONAL ET SONDAGES. Le score du FN crée la surprise générale en atteignant 11,4 % au premier tour et 9,2 % au second, favorisé par un contexte de forte abstention.

SECOND TOUR. Dimanche 21 mars, la « gauche solidaire »
remporte le second tour des élections régionales avec
54,11 % des suffrages exprimés. Sur 25 régions, 22 sont
à gauche ; en métropole, seule l'Alsace reste UMP.

CATASTROPHE ÉCOLOGIQUE. En avril 2010, après l'explosion d'une plate-forme pétrolière au large de la Louisiane, la fuite du puits provoque le déversement de près de 5 millions de barils (780 millions de litres) dans le golfe du Mexique pendant près de 4 mois.

Planète

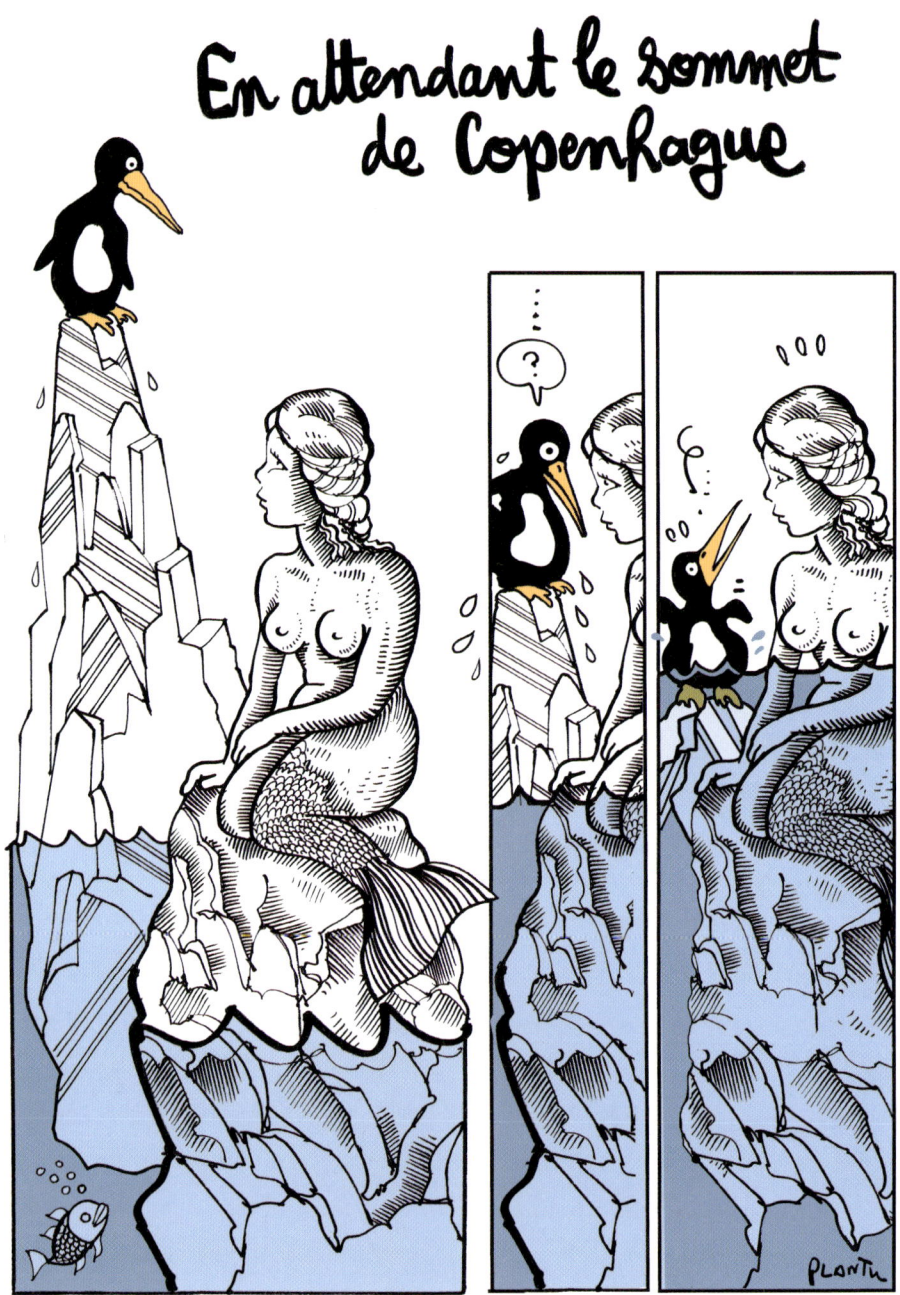

RÉCHAUFFEMENT. 192 pays se réunissent à Copenhague pendant deux semaines pour débattre sur le changement climatique. Le réchauffement climatique est la principale préoccupation des Français.

ÉCHEC DU SOMMET DE COPENHAGUE. La conférence a débouché sur un accord qui n'a pas été signé par tous les pays et qui ne prolongera pas le protocole de Kyoto.

PÊCHE. 60 000 tonnes de thons rouges ont été prises en 2008, soit trois fois plus que le quota annuel fixé par l'ICCAT, le Comité scientifique de la commission internationale pour la conservation des thonidés de l'Atlantique.

QUOTAS. Bruxelles annonce début juin la fermeture anticipée de la campagne de pêche au thon rouge en Méditerranée et dans l'est de l'Atlantique en raison de l'épuisement des quotas alloués aux pêcheurs.

VOLTE-FACE. Les pêcheurs français menacent de poursuivre la pêche si des preuves de l'épuisement des quotas ne leur sont pas fournies. Bruxelles reconnaît alors que la France n'a pas encore atteint son quota et autorise finalement la prise de 171 tonnes supplémentaires.

GRENELLE 2. L'examen du projet de loi « Grenelle 2 de l'environnement » débute le 4 mai à l'Assemblée. Alors que, d'ici à 2020, la France doit réaliser 23 % de sa production d'énergie à partir de sources renouvelables, des amendements limitent la portée des mesures de soutien du secteur.

TOYOTA. Le constructeur automobile rappelle plusieurs centaines de milliers de voitures défectueuses.

REVIREMENT. Jean-François Copé et la majorité UMP contraignent Nicolas Sarkozy à ajourner la taxe carbone. François Fillon annonce officiellement, le 24 mars, le report de cette mesure chère à Jean-Louis Borloo.

IMPOSTURE. Dans son dernier livre, *L'Imposture climatique*, Claude Allègre remet en cause l'expertise internationale des climatologues sur le réchauffement climatique. Les scientifiques dénoncent ses « dénigrements » et « accusations mensongères ».

Alertes rouges

On peut dire que depuis des années, on en a annoncé des catastrophes. Que ce soit le réchauffement climatique, ou un autre fléau, on est prévenus.

Le Monde

9/12 1997

Le Mo

Américains et Européens s'affrontent à la conférence climatique de Kyoto

LA SITUATION EST GRAVE, MAIS NOUS FERONS LE MOINS POSSIBLE !

HUMPFF !... CH'EST QUOI UN ÉCOCHYCHTÈME ?

Le Monde

Planète épuisée, progrès menacé : l'alerte de l'ONU

L'alerte à la grippe aviaire en 2005 →

Le syndrome du SRASS ou la grippe H1N1 !

PAR DÉCISION GOUVERNEMENTALE, LES VACHES REDEVIENNENT HERBIVORES !

L'alerte aux vaches folles, en novembre 2000

Le Monde

Le plan de bataille contre la vache folle

La vache qui pleure

Aujourd'hui, bien sûr, on revient sur notre pauvre planète avec ses alertes au réchauffement climatique. Mais il y a une autre planète dont on parle moins... Elle est en danger : c'est la "Planète Banlieue". Et quand elle va se mettre à chauffer, ça va chauffer !

TEMPÊTE XYNTHIA. Une onde de tempête sur le littoral français a provoqué la rupture de digues : plus de 50 morts. Nicolas Sarkozy se déplace en Vendée et en Charente-Maritime pour annoncer les mesures d'aide.

FUITE. Le 15 juillet, BP parvient à stopper l'écoulement de brut grâce à un « entonnoir » placé au-dessus de la tête du puits. Sur les 780 millions de litres de brut qui se sont déversés dans le golfe du Mexique, seuls 127 millions de litres ont été éliminés par les opérations de dépollution.

MULTIPLICATION DES PLAINTES. Poursuites criminelles et dépôts de demandes d'indemnisations se multiplient à l'encontre de BP. L'ensemble des dédommagements et les coûts de nettoyage pourraient atteindre les 2,9 milliards de dollars.

Sport

ET C'EST PARTI ! La coupe du monde de football débute le 11 juin en Afrique du Sud. Un mois plus tard, elle est remportée par l'Espagne face aux Pays-Bas.

CONVOCATION. Après la prestation calamiteuse de l'équipe de France de football, l'entraîneur Raymond Domenech et le président de la fédération française Jean-Pierre Escalettes sont convoqués devant une commission d'enquête parlementaire.

ATHLÉTISME. Les Français rapportent 8 médailles d'or, 6 d'argent et 4 de bronze des championnats d'Europe de Barcelone. Ils sont reçus à l'Élysée à leur retour.

CHAMPIONNAT DE FOOTBALL. L'Olympique de Marseille est sacré champion de France pour la saison 2009-2010.

Médias et culture

Les témoins

Ils risquent leur vie pour nous, un peu partout sur la planète.

Ce que nous savons sur ce qui se passe à Niamey, à Kaboul, à Bagdad, c'est grâce à eux : les journalistes, les envoyés spéciaux, les témoins.

Ces témoins sont quelquefois pris en otage. Ils nous reviennent en héros, et puis, ils repartent pour d'autres batailles...

Grâce à la télévision, la radio, la presse écrite (tellement malmenée ces derniers temps), nous apprenons les nouvelles.

janvier 2005

mai 2004

Février 2008

VIVE LA PRESSE LIBRE !

Z'AI CRU VOIR UN ZOURNALISTE !

JOURNALISTE

INTERNET

PLANTU

d'après Bob CLAMPETT et FRIZ FRELENG

Le Monde — Devoir d'informer et souci de sécurité : le dilemme irakien

Le Monde — La vidéo barbare d'Al-Qaida en réponse aux tortures

OTAGES EN AFGHANISTAN. Deux journalistes
français de France 3, Hervé Ghesquière et
Stéphane Taponier, ainsi que trois accompagnateurs
sont retenus en otages en Afghanistan depuis
le 29 décembre 2009.

MAROC. Khalid Gueddar, caricaturiste marocain, a été remercié du groupe de presse marocain Al Massae pour avoir dessiné le roi du Maroc, Mohammed VI, dans le journal français *Bakchich*. La cour d'appel de Casablanca l'avait déjà condamné à 3 ans de prison avec sursis et 270 000 euros d'amende, le 30 décembre 2009, pour avoir dessiné le cousin du roi.

TUNISIE. Le journaliste Fahem Boukadous est arrêté le 15 juillet 2010 et condamné à 4 ans de prison ferme pour avoir montré au monde, en 2008, des images d'émeutes sociales dans un régime où tout est censuré. Aujourd'hui, la liberté de la presse est inexistante en Tunisie.

Après Siné, viré de Charlie Hebdo, Guillon, viré de France Inter

GUILLON PREND LA PORTE. Pour avoir multiplié les provocations sur France Inter, les chroniqueurs Stéphane Guillon et Didier Porte ont été licenciés par le directeur Philippe Val qui, lui-même, avait déjà licencié, à *Charlie Hebdo*, le dessinateur Siné.

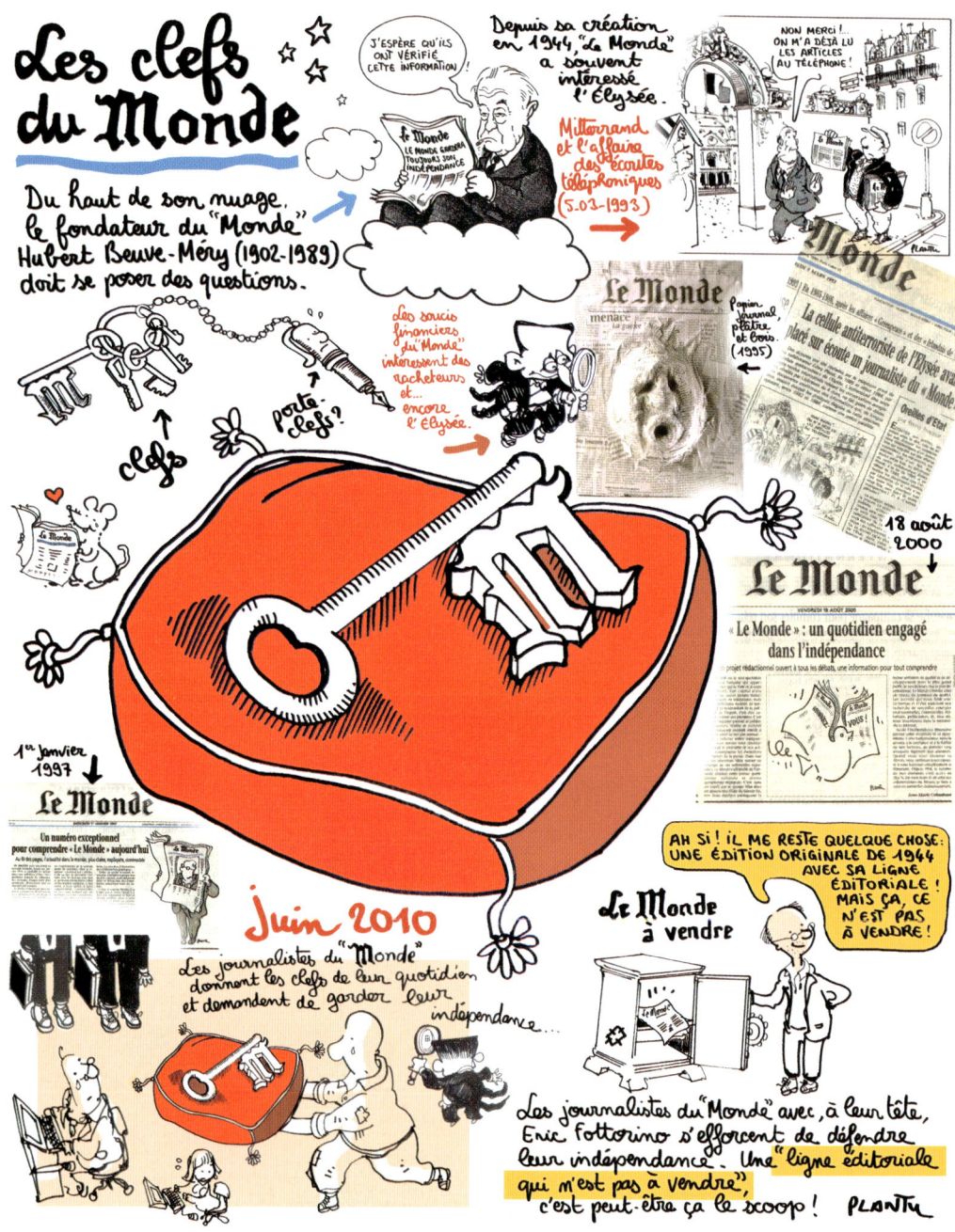

RACHAT DU JOURNAL *LE MONDE*. Plusieurs repreneurs se proposent de racheter le groupe *Le Monde*. D'un côté, Claude Perdriel, Orange et Prisa ; de l'autre, Mathieu Pigasse, Pierre Berger et Xavier Niel. Le trio élu versera 10 millions d'euros d'arrhes. C'est le trio autour de Pierre Berger qui l'emportera.

THIERRY HENRY REÇU À L'ÉLYSÉE. Après le fiasco de la Coupe du monde de foot, le footballeur est invité à l'Élysée.

OUVERTURE du Festival du film à Cannes le 12 mai 2010,
présidé par Gilles Jacob.

Robin des bois à Cannes

ROBIN DES BOIS. Le dernier film de Ridley Scott, avec les acteurs oscarisés Russell Crowe et Cate Blanchett, est présenté à Cannes.

Libération du cinéaste iranien Jafar Panahi

CENSURE IRANIENNE. Le réalisateur iranien Jafar Panahi, membre du jury de Cannes, ne pourra pas assister au Festival, étant détenu dans une prison de Téhéran.

Après l'apparition de la Vierge à Fatima, apparition de Lionel Jospin sur la Croisette

OH?... J'Y CROIS PAS !

LIONEL JOSPIN EST VIVANT. L'ancien Premier ministre est venu sur la Croisette à Cannes, à l'occasion de la présentation du film *Le Nom des gens* de Michel Leclerc, classé hors compétition, dans lequel il apparaît, pendant 2 min 30, dans son propre rôle d'homme politique lors de la présidentielle de 2002.

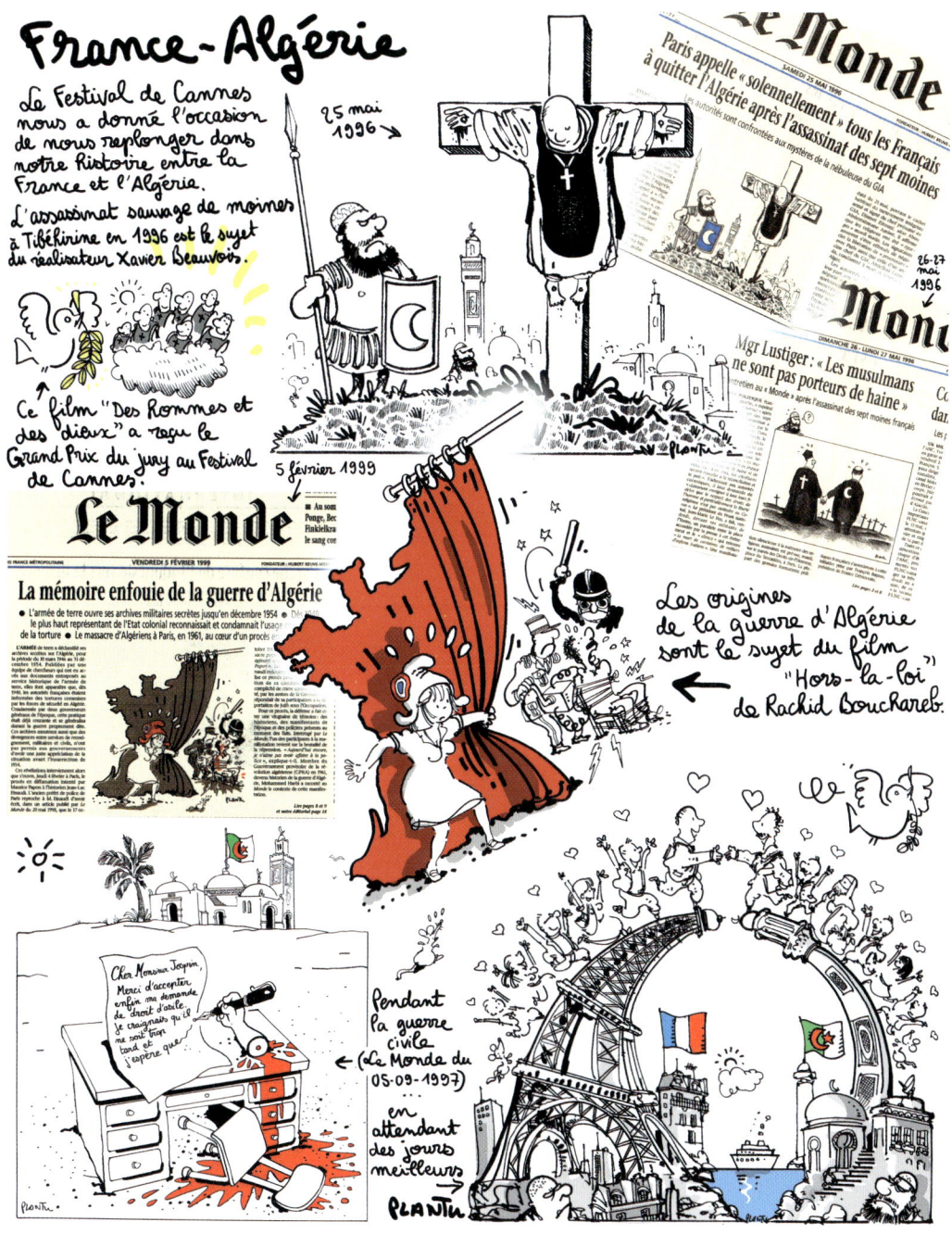

France-Algérie

Le Festival de Cannes nous a donné l'occasion de nous replonger dans notre histoire entre la France et l'Algérie.

L'assassinat sauvage de moines à Tibéhirine en 1996 est le sujet du réalisateur Xavier Beauvois.

Ce film "Des hommes et des dieux" a reçu le Grand Prix du jury au Festival de Cannes.

25 mai 1996 →

Les origines de la guerre d'Algérie sont le sujet du film "Hors-la-Loi" de Rachid Bouchareb.

Pendant la guerre civile (Le Monde du 05-09-1997)

... en attendant des jours meilleurs →

Tournage Woody Allen à Paris

WOODY ALLEN tourne son prochain film *Midnight in Paris* dans la capitale. Carla Bruni-Sarkozy y fait une brève apparition. La sortie est prévue pour 2011.

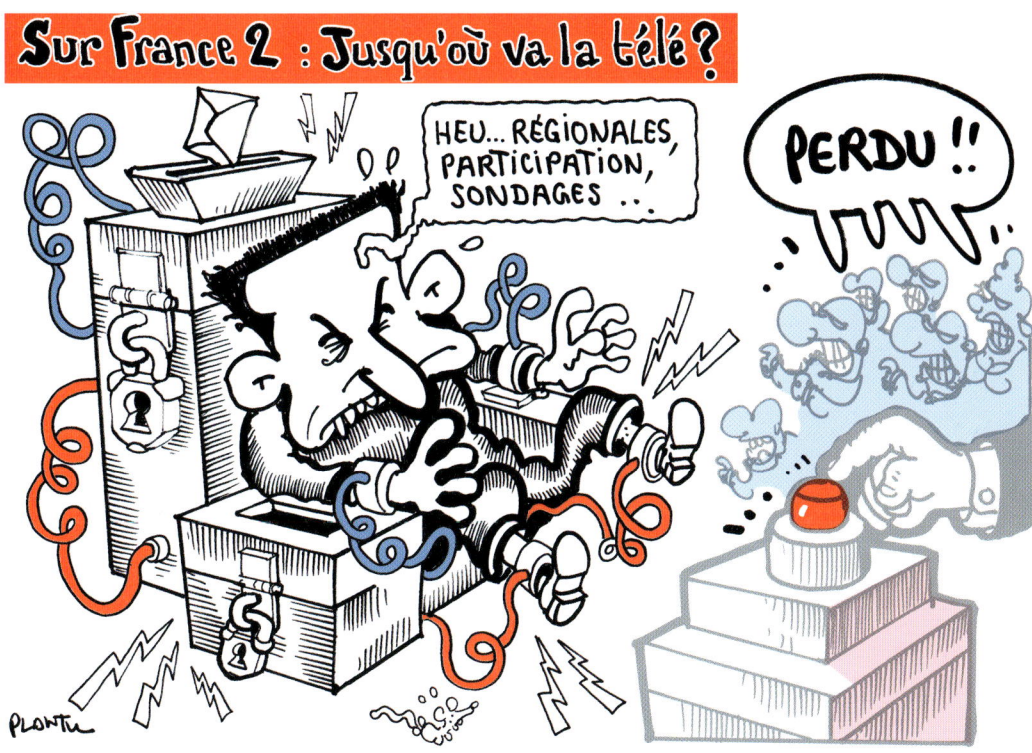

TÉLÉ-RÉALITÉ. L'émission *Le Jeu de la mort* diffusé sur France 2, sur la fameuse expérience comportementale de Milgram, montre des candidats prêts à torturer leur prochain à mort pour complaire à la caméra.

La RATP refuse encore une affiche
à cause d'une cigarette

Gainsbourg
(VIE HÉROÏQUE)

PAS FÂCHÉ
D'ÊTRE LOIN
DES TARÉS
DE LA
RATP!

PLANTU

GAINSBOURG CENSURÉ. Sur l'affiche du film *Gainsbourg,
vie héroïque* de Joann Sfar, les volutes de fumée de
la cigarette ont été supprimées. Alors qu'elle flatte le lobby
des alcools et des vins, la RATP censure systématiquement
toute représentation de cigarette sur les affiches du métro.

« **PANTHÉONISATION** ». Nicolas Sarkozy envisage le transfert
des cendres d'Albert Camus au Panthéon, mais est confronté
à l'opposition de la famille de l'écrivain.

MOMIE. Une momie vieille de 4 300 ans, datant de l'ère gréco-romaine, a été découverte par des archéologues égyptiens près du Caire.

CASSE. Cinq tableaux, dont un Picasso et un Matisse, ont été dérobés au musée d'Art moderne de la Ville de Paris. Le système d'alarme était défaillant.

L'alarme était en panne

Index

PRESSE ÉTRANGLÉE.
Nouvelle grève lancée par le Syndicat général du livre (CGT). La distribution des quotidiens nationaux est fortement perturbée.

Index

EUGÉNIE BLANCHARD, née le 16 février 1896, devient la doyenne de l'humanité. Elle a 114 ans et vit sur l'île de Saint-Barthélemy.

Impression : IME – 25110 Baume-les-Dames
Dépôt légal : novembre 2010. N° 103477
Imprimé en France